KB267368

그리스도의 심판대와 성화

그리스도의 심판대와 성화

그리스도의 심판대와 성화

초판 1쇄 발행 2026. 01. 07.

지은이   박예영
펴낸이   방주석
펴낸곳   도서출판 소망
주소   10252 경기도 고양시 일산동구 고봉로 776-92
전화번호   031-976-8970
팩스번호   031-976-8971
메일   somangsa77@daum.net
창립일   (제48호) 2015년 9월 16일

ISBN   979-11-988176-6-2 03230
책값은 뒤표지에 있습니다.

그리스도의 심판대와 성화

박예영 지음

인간은 태어날 때부터 죄와 연약함을 안고 살아갑니다. 믿음의 길을 걷는 중에도 우리는 자주 묻습니다. "왜 죄에서 벗어나기가 이렇게 어려운가?", "왜 회개와 순종은 늘 부담스럽게 느껴지는가?"

이 책은 그 질문에 대한 성경적 해답을 제시하고자 합니다. '그리스도의 심판대'의 진리를 바로 이해할 때, 우리는 하나님의 공의와 사랑을 왜곡하지 않고 복음의 본질을 올바로 붙잡을 수 있습니다.

심판은 두려움이 아니라 우리를 더욱 거룩하게 빚어 가시는 하나님의 사랑이 작동하는 과정입니다. 그 부르심에 믿음으로 응답하는 사람만이 참된 회개와 변화의 길을 걸을 수 있습니다.

우리는 단지 구원의 은혜를 받는 데 머무는 것이 아니라, 그리스도의 형상으로 변화되어 천국의 알곡으로 익어 가는 삶을 목표로 삼아야 합니다. 그 여정에는 고난과 연단, 시험과 회개의 과정이 따르지만, 결국 모든 것은 하나님의 은혜로 이루어집니다.

부족한 제가 이렇게 논쟁이 많은 주제 '심판대'에 관한 책을 쓰게 된 이유는 단 하나입니다. 주님께서 제 마음에 오랫동안 "심판의 진리를 전하라"는 강한 부담을 주셨기 때문입니다. 처음에는 두려움과 부담으로 오랜 시간 망설였지만, 어느 날 성령의 강한 감동이 제 마음을 사로잡았습니다. 그 즉시 순종하여 집필을 시작했습니다. 글을 써 내려가는 동안 무거운 십자가를 지는 듯한 엄청난 고통 속에서도 하나님께서 부어주신 깊은 은혜를 경험했습니다.

사람은 외모를 보지만, 하나님은 중심을 보십니다. 저 역시 외적으로나 능력으로나 부족한 사람이지만, 제 힘을 내려놓고 오직 주님께 의지했습니다. 이 책이 제 뜻이 아니라 주님이 원하시는 방향으로 쓰이기를 기도하며 맡겼습니다. 그때 주님께서는 놀랍게도 제 손을 붙잡으시고 짧은 시간 안에 원고를 완성하게 하셨습니다. 그래서 저는 이 책은 제가 쓴 것이 아니라, 성령님께서 쓰신 책이라고 확신합니다. 이 책이 여러분이 이 땅에서부터 회개와 순종, 믿음의 성장과 성화를 이해하고, 그것을 삶 속에서 실천하도록 돕는 영적 길잡이가 되기를 바랍니다.

본문은 다섯 부분으로 구성되어 있습니다. ① 심판의 진리 ② 구원과 회개 ③ 광야의 연단과 성화 ④ 택함과 타락 ⑤ 하나님 나라의 소망. 이 다섯 주제를 통해 성경 전체가 말하는 구원의 여정을 한눈에 볼 수 있기를 소망합니다.

하나님께서는 우리 각 사람을 사랑하시며, 죄와 연약함을 다스리시고 온전한 그리스도의 형상으로 이끄십니다. 이 책이 여러분의 믿음의 여정에서 흔들리지 않도록 붙잡아 주는 영적 나침반이 되기를 기도합니다. 그리고 마침내 주님과 함께 영원한 안식과 천국의 기쁨을 누리는 그날까지, 하나님을 신뢰하며 끝까지 걸어가시기를 예수님의 이름으로 축복합니다.

"주께서 시작하신 일을, 주께서 완성하시리라. 오직 주님만 영광 받으소서."

목차

5부　185

하나님 나라를 기다리는 소망

1부

심판의 본질과 목적

1. 그리스도의 심판대

하나님께서 우리를 심판하시는 이유는 단지 벌을 주기 위함이 아닙니다. 심판은 상급과 책망, 회개와 회복의 자리로 우리를 부르시는 하나님의 사랑과 공의가 함께 드러나는 과정입니다. 심판을 통해 우리의 마음과 행실이 하나님 앞에서 얼마나 공의롭고 거룩하게 살았는지가 드러납니다. 하나님 앞에 밝히 드러난 마음과 삶이 은혜로 정결함을 얻고 천국에 들어갈 준비를 하게 됩니다. 믿는 자에게 심판대는 결코 두려움이 아니라, 하나님의 은혜를 경험하는 자리입니다.

성경은 심판의 현실을 이렇게 말씀합니다.

"내가 너희에게 이르노니 사람이 무슨 무익한 말을 하든지 심판 날에 이에 대하여 심문을 받으리니 네 말로 의롭다 함을 받고 네 말로 정죄함을 받으리라"(마 12:36-37).

"네가 어찌하여 네 형제를 비판하느냐 … 우리가 다 하나님의 심판대 앞에 서리라"(롬 14:10-12).

"이는 우리가 다 반드시 그리스도의 심판대 앞에 나타나게 되어 각각이 구절들이 보여주듯이 심판은 우리의 마음과 삶을 점검하고 하나님 앞에서 예수님의 보혈로 정결하게 세우는 과정입니다. 믿는 자에게 심판은 두려움이 아니라, 하나님의 은혜와 회복을 경험하는 시간입니다. 우리의 신앙과 순종이 진정으로 하나님께 드러나는 순간입니다.

그리스도의 심판대는 구원의 여부를 결정하는 자리가 아닙니다. 구원은 오직 하나님의 은혜로 주어지며, 심판대는 구원받은 자가 얼마나 공의를 따라 살았는지 평가받는 자리입니다. 지금은 사람 앞에서 마음을 숨길 수 있습니다. 그러나 심판대에서는 하나도 숨김없이 위선과 거짓된 동기까지 밝히 드러납니다. 하나님께서 상을 주실 때 기준은 겉모습이나 사람들의 평가가 아니라 마음의 진실입니다. 즉 순수한 믿음과 깨끗한 마음으로, 예수님의 마음을 가지고 한 선한 일만이 하나님께 인정받습니다. 심판대에서는 사람의 칭찬이 아니라 하나님의 공의로운 판단이 기준이 됩니다.

1) 하나님의 공의와 사랑

(1) 하나님의 공의

하나님의 공의는 하나님께서 선과 악을 공평하게 판단하시고, 각 사람의 행위에 따라 반드시 갚으시는 속성입니다. "각 사람에게 그 행한 대로 보응하시되"(롬 2:6), "죄의 삯은 사망"(롬 6:23)이라는 말씀에서 볼 수 있듯이 공의에는 심판의 공의와 상급의 공의가 있습니다.

심판의 공의인 죄는 반드시 드러나고 대가를 치러야 합니다. 은밀한 말과 숨은 동기까지 심판대에서 평가됩니다(고전 4:5). 상급의 공의는 믿음으로 행한 선한 행위와 숨은 충성도 반드시 상급으로 보상됩니다(마 6:4, 계 22:12). 하나님은 죄를 결코 눈감아 주지 않으십니다. 동시에 성령 안에서 믿음으로 행한 작은 선행도 잊지 않으시는 완전한 공의의 하나님이십니다.

(2) 하나님의 사랑

하나님의 사랑은 자격 없는 죄인을 용서하시고, 심지어 독생자 예수 그리스도를 주시기까지 우리를 구원하시려는 무조건적인 사랑입니다.

성경은 이렇게 말씀합니다.

"우리가 아직 죄인 되었을 때에 그리스도께서 우리를 위하여 죽으심으로 하나님께서 우리에 대한 자기의 사랑을 확증하셨느니라"(롬 5:8).
"하나님은 사랑이심이라"(요일 4:8).

이 말씀에서 알 수 있듯이, 하나님의 사랑은 조건이나 공로가 아닌 전적인 은혜로 주어집니다. 우리가 착해서, 잘해서 사랑받는 것이 아니라 그저 하나님이 사랑이시기 때문에 우리를 먼저 사랑하신 것입니다.

하나님은 우리를 죄 가운데 버려두지 않으시고, 아들을 십자가에 내어주심으로 그 사랑을 가장 확실하게 보여주셨습니다. 그 사랑은 죄를 용서하

　　　　　　　　　　　　　　　　그리스도의 심판대와 성화

는 데서 끝나지 않고, 우리를 하나님의 자녀로 회복시키고, 거룩한 모습으로 빚어가는 사랑입니다.

하나님의 사랑은 포기하지 않는 사랑입니다. 우리가 넘어지고 연약할 때도 그분은 끝까지 기다리시고, 다시 일어나도록 붙드십니다. 그 사랑은 감정적인 호의가 아니라, 우리의 영혼을 새롭게 변화시키는 능력 있는 사랑입니다. 그래서 하나님의 사랑을 깊이 경험한 사람은 그 사랑 안에서 주님의 마음을 닮아가며, 그 사랑으로 다른 이들을 품고 용서하며 사랑하게 됩니다. 하나님의 사랑은 단지 우리를 구원하는 시작점이 아니라, 우리 삶 전체를 변화시키는 원동력입니다.

(3) 공의와 사랑의 조화

우리의 인간적인 생각으로는 하나님의 공의와 사랑이 마치 서로 충돌하는 것처럼 보입니다. 공의만 강조되면 죄 있는 인간은 모두 심판받아야 하고, 사랑만 강조되면 죄가 가볍게 여겨져 거룩이 무너질 것처럼 느껴집니다. 하지만 하나님은 이 두 속성을 십자가에서 완벽하게 하나로 이루셨습니다.

예수님께서 십자가 위에서 피 흘려 죽으심으로 죄의 값은 완전히 치러졌고, 하나님의 공의는 완전히 만족 되었습니다. 동시에 예수님을 믿는 모든 사람에게 죄 사함과 새 생명이 주어짐으로 하나님의 사랑이 온전히 나타났습니다. 십자가는 하나님의 공의가 세워지고, 그 안에서 사랑이 흘러나온 자리입니다.

그래서 십자가를 바라볼 때 우리는 두 가지 진리를 함께 보게 됩니다.

첫째, 죄는 반드시 대가를 치러야 하는 심각한 것이라는 사실입니다.

둘째, 하나님은 그 대가를 우리 대신 감당하실 만큼 우리를 사랑하신다는 사실입니다. 이 두 가지가 십자가 안에서 완벽히 만날 때, 우리는 하나님의 구속의 깊이와 지혜를 깨닫게 됩니다.

시편 85편 10절은 이렇게 노래합니다.

이 말씀이 바로 십자가를 예언적으로 보여줍니다. 십자가는 공의와 사랑이 부딪히는 곳이 아니라, 서로를 완성 시키는 곳입니다. 하나님의 공의는 사랑으로 인해 약해지지 않았고, 하나님의 사랑은 공의로 인해 막히지 않았습니다. 오히려 두 속성이 함께 일하여 완전한 구원의 길을 열었습니다.

이 놀라운 복음 앞에서 우리는 하나님을 더 깊이 경외하게 됩니다. 그분의 공의는 우리를 바로잡고, 그분의 사랑은 우리를 품습니다. 십자가는 단순히 용서의 상징이 아니라, 하나님의 공의와 사랑이 완전하게 조화를 이룬 하나님의 지혜의 걸작입니다.

(4) 심판대와 하나님의 공의와 사랑

그리스도의 심판대는 하나님의 완전한 공의와 한없는 사랑이 동시에 드러나는 자리입니다. 인간의 눈으로 볼 때 ‘심판’은 무섭고 멸망의 상징처럼 느껴집니다. 하지만 성경이 말하는 심판은 모든 것이 바르게 세워지고, 진리가 온전히 드러나는 거룩한 순간입니다.

　　　　　　　　　　　　　　　　　　

하나님은 공의와 사랑이 완전히 조화를 이루신 분이기에, 그분의 심판은 무서움 속에도 사랑이 있고, 사랑 속에도 거룩한 질서가 있습니다. 따라서 심판대는 성도에게 두려움의 자리가 아니라, 하나님의 의로우심과 사랑의 깊이를 경험하는 자리입니다.

① 하나님의 공의의 차원

하나님의 공의는 모든 것을 숨김없이 드러내는 빛입니다. 심판대에서는 인간의 모든 행위와 말, 심지어 보이지 않는 마음의 동기까지도 낱낱이 드러납니다.

"이는 우리가 다 반드시 그리스도의 심판대 앞에 드러나 각각 선악간에 그 몸으로 행한 것을 따라 받으려 함이라" (고후 5:10).

하나님은 사람의 외모나 결과만 보지 않으시고 믿음의 과정에서 어떤 마음으로 했는가를 살피십니다. 그분의 공의는 단 한 치의 오차도 없이 완전합니다. 그날에는 모든 숨겨진 불의가 드러납니다. 왜곡된 진리가 바로잡히며, 하나님의 거룩하심이 온전히 선포됩니다.

이 심판은 단지 두려움의 의미가 아니라, 하나님께서 세상을 바르게 회복시키시는 거룩한 역사입니다. 죄와 불의가 제거되고, 하나님의 의가 영원히 세워지는 날이 바로 그 심판의 날입니다.

② 하나님의 사랑의 차원

그러나 심판대는 공의만 드러나는 자리가 아닙니다. 그리스도 안에 있는 자에게 심판대는 정죄의 자리가 아니라, 사랑의 정화 자리가 됩니다.

 (롬 8:1).

예수님을 믿는 성도는 이미 십자가에서 죄 사함을 받았기에 심판대에서 다시 정죄 받지 않습니다. 그 대신 하나님은 우리의 삶을 불로 시험하셔서 (고전 3:13) 불순물과 헛된 것을 제거하고, 그 안에 남은 믿음과 사랑의 열매를 상급으로 갚아주십니다. 즉 심판대는 우리의 믿음을 순금처럼 정결하게 다듬어 주시는 자리입니다. 하나님의 사랑은 그날에도 여전히 우리를 향해 흐르고 있습니다. 하나님은 영광의 나라에 들어갈 준비가 되도록 깨끗하게 하시기 위해 우리를 심판대 앞으로 부르십니다.

그리스도의 심판대는 공의로 죄를 바로잡고, 사랑으로 영혼을 완전하게 빚어내는 자리입니다. 그날에 하나님의 공의는 불의한 세상을 정리하고, 그분의 사랑은 믿는 자를 영광으로 이끄실 것입니다.

십자가에서 공의와 사랑이 완전히 만난 것처럼, 심판대에서도 하나님의 공의와 사랑은 서로 충돌하지 않습니다. 오히려 그날은 십자가의 사랑이 완성되고, 하나님의 의가 온전히 드러나는 날이 될 것입니다. 그 사실을 아는 우리는 심판을 두려워하지 않아야 합니다. 오히려 그날을 소망하며 오늘을 거룩하게 살아가야 합니다.

③ 우편 강도의 구원과 영계의 시간 개념

성경에 직접적으로 '우편 강도'라는 표현은 없지만, 전도서 10장 2절에서 지혜자의 마음이 오른쪽에 있다고 했고, 또 예수님께서 양들을 오른편에 두신 것을 볼 때 회개한 강도를 '우편 강도'라고 부르는 것은 무리가 없다고 생각합니다.

많은 성도가 십자가 위의 우편 강도가 예수님을 믿고 죽자마자 곧장 천국에 들어간 것으로 오해합니다. 예수님께서 "오늘 네가 나와 함께 낙원에 있으리라"(눅 23:43) 하신 말씀 때문입니다. 그러나 여기서 '오늘'은 세상의 24시간 개념을 가리키는 것이 아니라, 영계의 시간 없는 현재를 의미합니다.

만약 '오늘'을 이 세상 시간으로만 이해한다면, 모순이 생깁니다. 예수님은 그날 곧장 천국에 가시지 않았습니다. 주님의 육체는 무덤에 있었고, 영은 옥에 있는 영들에게 복음을 선포하셨습니다(벧전 3:19-20). 그리고 부활 후 막달라 마리아에게 "내가 아직 아버지께 올라가지 않았다"(요 20:17)고 말씀하셨습니다. 따라서 '오늘'이라는 말씀은 영계의 영원한 현재 속에서 주어진 약속으로 이해해야 합니다.

성경은 하나님의 시간은 우리의 시간과 같지 않음을 분명히 합니다.

"주의 목전에는 천 년이 지나간 어제 같으며 밤의 한 순간 같을 뿐임이니이다"(시 90:4). "주께는 하루가 천 년 같고 천 년이 하루 같으니라"(벧후 3:8).

따라서 영계에서는 사람이 죽는 즉시 곧바로 천국이나 지옥에 들어간다고 말할 수 없습니다. 하나님의 시간 속에서 심판, 정결, 성화의 과정을 거쳐 최종 목적지로 들어가게 되는 것입니다.

결론적으로 하나님의 심판대는 우리의 불순물을 벗기시고, 천국에 들어가도록 준비시키는 사랑의 과정입니다. 지금 우리가 회개하고 용서하며 성령 안에서 살아가는 것은, 그날을 두려움이 아니라 기쁨으로 맞이하게 하시는 하나님의 은혜입니다.

(5) 우리의 삶에 주는 교훈

하나님의 공의와 사랑은 서로 반대되는 개념이 아니라, 함께 붙잡아야 할 진리의 두 기둥입니다. 이 두 가지가 균형을 이룰 때 우리의 신앙은 바르게 서고 삶은 흔들리지 않습니다.

하나님의 사랑만 붙들면 죄에 대해 무뎌지고, 스스로를 합리화하게 됩니다. "하나님은 사랑이시니까 괜찮아"라고 생각하면 죄의 심각성을 잃어버리고 회개의 마음이 사라집니다. 반대로 공의만 붙들면 자신과 타인을 정죄하게 되고, 절망과 두려움에 빠지게 됩니다. 그래서 우리는 사랑과 공의를 함께 붙드는 균형 있는 신앙을 가져야 합니다. 공의는 우리를 깨어 있게 만들고, 사랑은 우리를 회복시킵니다. 공의가 죄를 드러내면 사랑은 용서의 길을 열어줍니다. 두 가지가 함께 있을 때 우리는 죄를 미워하되 그 사람은 사랑할 수 있습니다.

공의를 기억할 때 우리는 죄를 가볍게 여기지 않게 됩니다. 하나님은 죄를 결코 그냥 넘기지 않으시는 분이시며, 죄는 반드시 회개를 통해 다뤄져야 합니다. 그러나 하나님의 사랑을 기억할 때 우리는 넘어졌어도 다시 일어날 수 있는 용기를 얻습니다. 회개는 죄책감의 무게가 아니라 사랑받는 자녀로 돌아가는 통로입니다. 하나님은 우리가 실패 속에서 절망하기보다 그 자리에서 다시 주님의 품으로 돌아오길 원하십니다.

지금 드러난 죄는 부끄러운 일이 아니라 하나님의 은혜입니다. 숨겨진 채로 남아 있는 죄는 영혼을 병들게 하지만, 빛 가운데 드러난 죄는 회복의 시작이 됩니다. 또한 지금 회개할 수 있는 기회는 하나님의 사랑의 초대장입니다. 하나님께서는 심판 전에 항상 회개의 기회를 주십니다. 이 기회를 붙드는 자만이 심판대 앞에서 담대히 설 수 있습니다. 회개는 두려운 심판을 피하기 위한 수단이 아니라, 하나님과의 관계를 회복하는 사랑의 길입니다.

하나님은 성령을 통해 택한 자에게 속죄의 은혜를 주시고, 그 영혼을 새롭게 하십니다. 성령께서는 우리의 마음을 다듬고 행실을 정화하시며, 결국 신의 성품에 참여하게 하십니다. 그 과정 속에서 우리의 마음과 행실에는 사랑, 희락, 화평, 오래참음, 자비, 양선, 충성, 온유, 절제의 성령의 열매가 맺히게 됩니다. 그때 우리는 종교적인 사람이 아니라 그리스도의 인격으로 살아가는 사람으로 변화됩니다.

하나님의 심판대는 믿는 자에게 정죄의 자리가 아니라 정결과 회복의 자리입니다. 그날 하나님은 무너진 공의와 정의를 회복시키시고, 그분의 사랑으로 성도를 영화롭게 하십니다. 그러므로 우리는 심판을 두려워하기보다, 그날을 준비하며 기대하는 마음으로 살아야 합니다. 매일의 삶 속에서 공의 앞에 자신을 돌아보고, 아가페 사랑으로 이웃을 품는 것이 심판을 준비하는 가장 실제적인 길입니다.

결국 하나님의 공의와 사랑은 멀리 있는 교리가 아니라, 지금 우리의 삶 속에서 날마다 경험해야 할 진리입니다. 공의를 붙들 때 우리는 진리 안에 서게 되고, 사랑을 붙들 때 은혜 안에 머물게 됩니다. 이 두 가지를 함께 품을 때 우리의 신앙은 흔들리지 않고, 삶은 하나님 나라의 증거가 됩니다.

2) 심판의 실제와 그 과정

모든 믿는 자는 반드시 그리스도의 심판대 앞에 서게 됩니다. 그 자리에서 우리의 행위와 말, 마음의 동기까지 모든 것이 평가받습니다(전 12:14, 마 12:36).

회개한 죄는 예수님의 보혈로 깨끗이 씻김을 받지만, 회개하지 않은 죄와 은밀한 죄, 위선과 거짓된 동기는 심판대에서 드러나 책망을 받습니다. 그 과정에서 성도는 수치와 아픔을 경험하며 회개하게 됩니다. 이것이 영혼을 정결하게 만들어 하나님의 나라 백성으로 흠 없이 설 수 있는 은혜의 과정이 됩니다.

만약 하나님께서 믿는 자의 죄를 아무런 처리 없이 그냥 덮으셨다면, 그것은 공의로우신 하나님과 맞지 않습니다. 그러나 하나님은 십자가와 심판대를 통해 공의와 사랑을 동시에 이루십니다.

사실 그리스도의 심판대는 단지 장차 올 미래의 사건만을 말하는 것이 아니라, 지금 이 땅에서도 진행되고 있습니다. 성도들이 징계와 연단을 받는 것도 이미 심판을 경험하는 과정입니다. 성령님께서 우리 안에 오신 이유 역시 죄를 드러내고 회개케 하시며, 구원과 성화를 이루기 위함입니다.

성경은 이렇게 말씀합니다.

"그가 와서 죄에 대하여, 의에 대하여, 심판에 대하여 세상을 책망하시리라. 죄에 대하여라 함은 그들이 나를 믿지 아니함이요, 의에 대하여라 함은 내가 아버지께로 가니 너희가 다시 나를 보지 못함이요, 심판 성령님은 우리 안에서 죄와 의와 세상을 심판하십니다. 죄란 예수님을 믿지 않고 자아가 주인의 자리에 앉아 자기중심으로 사는 모든 것입니다. 의란 예수님의 임재 안에서 사는 삶이며, 예수님이 부재하면 우리는 자신의 의를 자랑하며 자기 중심으로 살아 결국 심판을 받게 됩니다.

여기서 세상은 육신의 정욕, 안목의 정욕, 이생의 자랑을 의미합니다.

성령께서 세상을 책망하신다는 것은 우리가 세상을 사랑하는 마음을 십자가에 못 박을 때, 그 세상을 지배하는 악한 세력 곧 마귀가 심판받는다는 뜻입니다. 성령님은 이렇게 죄와 의와 세상을 드러내고 책망하심으로 우리 안에서 구원을 이루어 가십니다. 우리가 이러한 죄를 내려놓고 회개할 때 비로소 부패한 마음이 정결함을 얻고 성화됩니다.

그러나 회개에는 언제나 대가가 따릅니다. 죄를 버리려고 할 때, 사탄은 우리를 공격하고, 육신적 · 정신적 · 영적 압박이 찾아옵니다. 그때 하나님의 심판이 적용되어 불같은 고난의 과정을 통과하게 됩니다. 이때 우상과 같은 정욕과 죄를 버리는 회개를 할 때 우리는 정결함과 성화를 경험하게 됩니다.

이 땅에서 성령께서 회개로 이끄시고, 고난과 연단을 통해 징계하시는 과정을 경험하면, 사후 영계에서 맞이할 심판대의 실제를 더 쉽게 이해하고 담대하게 준비할 수 있습니다. 심판대는 두려움의 장소가 아니라, 하나님의 공의와 사랑이 함께 작동하는 은혜의 자리, 영혼이 정결해지고 성화되어 하나님의 영광 앞에 서는 자리입니다.

3) 믿는 자와 불신자의 차이

모든 사람은 언젠가 하나님 앞에 서서 심판을 받게 됩니다. 그러나 그 심판은 모두에게 똑같이 임하지 않습니다. 예수님을 믿는 사람과 믿지 않는 사람이 맞이하는 심판의 성격은 본질적으로 다릅니다.

(1) 믿는 자의 심판

예수님을 믿는 사람에게 임하는 심판은 구원을 잃는 심판이 아닙니다. 예수님을 믿는 순간, 구원은 이미 확정되었기 때문입니다. 성경은 "그러므로 이제 그리스도 예수 안에 있는 자에게는 결코 정죄함이 없나니"(롬 8:1)라고 말씀합니다.

믿는 자가 받는 심판은 구원의 여부가 아니라, 이 땅에서 어떻게 살았는가 즉 행위와 마음의 동기 그리고 삶의 열매를 드러내는 자리입니다. 회개한 죄는 예수님의 보혈로 완전히 용서받았기에 다시 심판받지 않지만, 회개하지 않은 죄나 숨은 동기, 위선적인 태도는 불로 시험받듯이 드러나게 됩니다.

그러나 이 심판은 단지 행위를 평가하는 자리가 아니라, 지은 죄에 대한 하나님의 징계와 회개의 자리이기도 합니다. 믿음으로 살지 않고 죄 가운데 행한 일들은 그에 합당한 형벌을 받으며 깨닫게 되고, 그 과정을 통해 믿는 자는 회개하며 정결하게 됩니다. 따라서 믿는 자의 심판은 두려움의 자리이기보다는, 죄를 깨닫고 회개하며 정결케 되어 주님의 칭찬과 상급을 받는 복된 자리입니다.

(2) 불신자의 심판

반면 예수님을 믿지 않는 사람의 심판은 전혀 다릅니다. 요한복음 3장 18절은 "그를 믿는 자는 심판을 받지 아니하고, 믿지 아니하는 자는 벌써 심판을 받은 것이니라"고 말씀합니다. 즉 예수님을 믿지 않는 사람은 이미 심판 아래에 있으며, 겉으로는 살아 있지만 영적으로는 죽은 상태입니다. 그들은 하나님과의 관계가 끊어져 있기 때문에 죽는 즉시 하나님과 분리된 상태 곧 지옥으로 들어가게 됩니다. 누가복음 16장에 나오는 부자와 나사로의 이야기는 이 사실을 잘 보여줍니다. 부자는 죽자마자 음부에서 고통을 받았습니다.

그러나 불신자의 심판은 죽음으로 끝나지 않습니다. 성경은 마지막 날, 모든 불신자들이 부활하여 하나님의 백보좌 앞에서 최종적인 심판을 받게 된다고 증언합니다(계 20:11-15). 그때 그들은 자신의 행위대로 심판받고, 불못에 던져져 영원한 형벌을 받게 됩니다. 이것이 바로 둘째 사망입니다.

이처럼 믿는 자와 믿지 않는 자의 차이는 매우 분명합니다. 믿는 자는 구원받은 하나님의 자녀로서 아버지의 징계를 통해 정결하게 되며 결국 영원한 생명과 상급에 들어갑니다. 반면 불신자는 구원 밖에 있는 자로서, 자신의 행위에 따라 심판을 받고 영원한 형벌에 들어갑니다.

(3) 하나님의 공의와 사랑 안에서 본 구원의 기회

하나님은 공의로우시면서도 동시에 사랑의 하나님이십니다. 그렇기에 "모든 사람에게 예수님을 믿을 기회가 주어져야 하지 않을까?" 하는 질문은 자연스러운 마음입니다. 모든 인간이 하나님께로부터 나왔고, 하나님은 모든 영혼을 소중히 여기시기 때문입니다.

스가랴 13장 8-9절은 하나님께서 선택한 백성을 연단하시고 정금같이 만드신다고 말씀합니다. 하나님은 택하신 자들을 구원하시며, 믿음으로 세워가십니다. 하지만 세상에는 복음을 들을 기회도 없이 죽은 이들이 많습니다. 엄마 뱃속에서 생명을 잃은 아이들, 낙태로 세상에 나오지 못한 아이들, 또 태어나자마자 병이나 사고로 일찍 세상을 떠난 아이들, 그리고 복음을 한 번도 듣지 못한 사람들이 있습니다. 그들이 그저 "복음을 듣지 못했다는 이유로" 영원한 형벌을 받는다는 것은 하나님의 공의와 사랑의 성품에 어울리지 않는다고 생각합니다.

베드로전서 3장 19-20절에는 예수님께서 죽음 이후 '옥에 있는 영들에게 전파하셨다'는 말씀이 나옵니다. 많은 해석이 있지만, 어떤 이들은 이것을 지옥이 아니라 영계의 한 부분 즉 하나님께서 택하신 자들을 잠시 머물게 하신 곳으로 이해하기도 합니다. 그곳에서 아직 복음을 듣지 못한 영혼들에게 은혜의 기회가 주어질 수도 있다는 것입니다.

물론 우리는 직접 그곳을 본 적이 없으므로 속단할 수 없습니다. 영계 체험자들의 말도 모두 신뢰할 수는 없습니다. 중요한 것은 성경 전체가 보여주는 하나님의 구원의 섭리와 성품입니다. 하나님은 이 땅에서도, 영계에서도 완전한 공의와 사랑으로 역사하십니다.

이 땅에서 복음을 듣고도 거부한 사람은 스스로 은혜를 거절한 것입니다. 또한 교회 안에 있어도 거듭나지 못한 사람은 겉으로는 신앙인이지만, 실제로는 하나님과의 관계가 회복되지 않은 상태로 볼 수 있습니다.

복음을 들을 수 있었다면 믿었을 영혼들 즉 하나님께서 미리 아신 택하신 자들에게는 이 땅에서뿐 아니라 영계에서도 하나님의 공의가 완벽하게 적용된다고 볼 수 있습니다. 결국 하나님의 구원은 사람의 기준이 아니라, 하나님의 주권과 사랑 그리고 완전한 공의 안에서 이루어진다는 믿음을 가질 수 있습니다.

(4) 하나님의 완전한 심판과 보상

하나님은 완전한 사랑의 하나님이시지만 동시에 완전한 공의의 하나님이십니다. 예수님께서도 "많이 맞을 자와 적게 맞을 자가 있다"(눅 12:47-48)고 말씀하셨습니다. 이 말씀은 사람마다 행위에 따라 형벌이 다르다는 것을 보여줍니다.

천국의 상급 또한 모두 같지 않습니다. "각 사람이 자기의 수고한 대로 자기 상을 받으리라"(고전 3:8)고 하신 것처럼, 하나님은 모든 사람을 공의롭게 판단하시고, 각자의 삶에 따라 합당한 상급과 결과를 주십니다.

결국 믿는 자는 예수님 안에서 정결하게 되어 영원한 생명에 들어가지만, 불신자는 예수님을 거부한 결과로 심판과 멸망을 피할 수 없습니다. 하나님은 결코 불의하지 않으시며, 모든 사람을 완전한 공의와 사랑으로 심판하시는 분이십니다.

4) 심판을 대비하는 우리의 자세

하나님의 심판은 믿는 자에게는 하나님의 공의와 사랑이 완전히 드러나는 자리입니다. 심판의 실재를 아는 것은 구원과 성화 그리고 천국의 삶을 올바로 이해하는 첫걸음입니다.

바울은 그리스도의 심판대를 증언하면서 "두렵고 떨림으로 너희 구원을 이루라"(빌 2:12)고 권면했습니다. 이 말은 구원을 스스로 이뤄내라는 뜻이 아니라, 이미 구원받은 자로서 하나님의 거룩하심 앞에 책임 있는 삶을 살라는 초대입니다.

믿는 자는 지금 이 땅에서 부지런히 회개의 은혜를 구하며 성령을 따라 살아야 합니다. 회개하지 않은 죄를 심판대에서 책망받느니, 지금 회개하여 깨끗함을 입고 상급을 준비하는 것이 지혜로운 길입니다. 하나님은 행한 대로 상과 벌을 주시는 공의의 하나님이시며, 그분 앞에서는 어떤 것도 숨길 수 없습니다.

성경은 우리에게 "두려워하라"가 아니라 "깨어 있으라"고 말씀하십니다. 매일의 삶 속에서 양심의 소리에 귀 기울이고 성령께 순종하며, 말씀으로 자신을 비추어 보아야 합니다. 믿는 자가 이 땅에서 성령의 인도에 민감하게 반응하며 회개와 순종의 삶을 살 때, 그 심판대에서 담대히 설 수 있습니다. 왜냐하면 주님은 회개하는 자를 정죄하지 않으시고, 오히려 상급과 칭찬으로 맞이하시기 때문입니다.

상급만 받고 책망이 없는 성화된 영혼은 이 땅에서 이미 연단과 회개를 통해 정결함을 입은 신부입니다. 심판대는 상급과 책망, 회개와 회복의 자리입니다. 구원은 오직 하나님의 은혜로 받지만, 상급과 책망은 우리의 행위에 따라 달라집니다. 따라서 지금 이 땅에서의 삶은 단 한 순간도 가볍게 여길 수 없습니다. 우리가 하는 말과 행동, 마음의 동기 하나하나가 주님의 평가 대상이 되기 때문입니다.

하나님의 공의는 죄를 반드시 다루시며, 그 공의는 십자가와 심판대에서 완전하게 드러납니다. 십자가는 하나님의 사랑이 죄인을 구원하신 자리이고, 심판대는 하나님의 공의가 성도를 정결케 하시는 자리입니다. 그 두 자리는 서로 모순되지 않고 오히려 하나님의 완전한 사랑과 공의를 함께 증거합니다.

결국 심판대는 두려움의 자리가 아닙니다. 그곳은 하나님의 사랑과 공의가 동시에 빛나는 자리 그리고 성도가 정결과 상급으로 들어가는 은혜의 과정입니다. 지금 이 땅에서 회개하고 순종하며, 성령 안에서 살아가는 삶은 장차 주님 앞에 설 때 부끄럽지 않게 담대히 설 수 있도록 준비시키는 하나님의 훈련입니다.

그날에 우리의 삶과 말, 마음의 동기가 모두 드러날 것입니다. 그러나 두려워할 필요는 없습니다. 예수님 안에 있는 자는 이미 구원받은 하나님의 자녀이기 때문입니다. 그 심판의 날에 성도는 두려움이 아니라 감사와 순종, 찬양으로 주님께 영광을 돌리게 될 것입니다. 그날 주께서 "잘하였도다 착하고 충성된 종아"라고 칭찬하실 그 음성을 듣기 위해, 오늘 우리는 회개와 순종의 삶으로 자신을 준비해야 합니다.

2부

심판대 앞에 선
영혼들

1. 구원의 은혜

1) 구원은 전적인 하나님의 은혜

구원은 인간의 노력이나 공로가 아니라, 전적으로 하나님의 은혜로 주어집니다(엡 2:8-9). 우리는 죄의 문제를 스스로 해결할 수 없는 존재임을 하나님은 잘 아십니다. 그래서 하나님은 구약과 신약을 통해 속죄의 은총을 예표하시고 완성하셨습니다. 이는 전능하신 하나님께서 사랑과 자비로 죄인을 구원하시어 자신의 영광을 나타내시려는 계획이었습니다(엡 1:6).

선악과를 먹고 타락한 후 수치를 느낀 아담과 하와를 위해 하나님께서 친히 짐승을 죽여 가죽옷을 지어 입히셨습니다. 이는 어린양 예수 그리스도의 죽음을 통한 속죄의 예표로, 죄로 드러난 수치를 오직 하나님이 예비하신 희생으로만 가릴 수 있음을 보여줍니다. 또한 하나님은 이스라엘 백성에게 희생 제사를 명령하셨는데, 그것은 단순한 제도가 아니라 장차 오실 어린양 예수 그리스도의 십자가를 가리키는 그림자였습니다(히 10:1-4).

하나님은 세상 죄를 지고 가는 어린양 예수님을 십자가에 내어주셨고(요

1:29), 그 공로를 믿는 자들에게 죄 사함과 영생을 주셨습니다. 그러나 이 믿음조차 인간의 의지나 공로에서 나오는 것이 아니라, 성령께서 주시는 하나님의 선물입니다(엡 2:8). 성령께서는 그 구원의 은혜를 우리 마음속에 실제로 적용하시고, 하나님의 사랑이 우리 안에 부어지게 하십니다(롬 5:5).

이 구원의 은혜를 체험한 사람은 더 이상 자신을 위해 살지 않고, 자신을 위해 죽으시고 다시 사신 주님을 위해 살아가게 됩니다(고후 5:15). 구원은 단지 과거의 사건이 아니라 오늘도 우리 안에서 역사하시는 하나님의 능력이며, 오직 그분의 은혜로만 완성되는 거룩한 여정입니다.

2) 속죄 은총에 대한 믿음과 회개의 반응

예수님께서 십자가에서 흘리신 피는 모든 사람의 죄를 깨끗하게 씻는 완전한 희생이었습니다. 이것을 속죄의 은총이라고 합니다. 하지만 그 은혜는 듣고 깨달아 아는 것으로는 내 것이 되지 않습니다. 믿음과 회개로 반응할 때, 그 속죄의 은혜가 내 삶 속에서 실제로 경험되는 하나님의 능력이 됩니다.

바울은 "내가 그리스도와 함께 십자가에 못 박혔나니"(갈 2:20)라고 증언합니다. 이 말씀처럼, 예수님을 나의 구주로 믿고 "주님이 나를 위해 죽으셨다"는 사실을 마음으로 받아들이는 순간 속죄의 은총은 내 안에서 일어나는 실제 사건이 됩니다.

먼저 우리는 하나님의 말씀을 깨닫고 성령의 조명을 받아야 합니다. 하나님께서 주시는 말씀은 생명의 떡과 같습니다. 그 말씀을 소리 내어 읽고 영의 귀로 듣고 마음으로 받을 때 성령님께서 믿음의 눈을 열어주십니다.

그때 우리는 "아, 예수님이 나를 위해 죽으셨구나. 나의 죄 때문에 십자가에 못 박히셨구나" 하고 깨닫게 됩니다. 이 깨달음이 바로 속죄 은총을 경험할 준비입니다.

그다음에는 진심으로 회개해야 합니다. 회개는 입술로만 "하나님, 죄송합니다"라고 말하는 것이 아닙니다. 회개는 마음의 방향을 바꾸는 것 즉 죄에서 돌이켜 하나님께로 향하는 것입니다. 그리고 믿음은 하나님을 붙잡는 손입니다. 하나님께서는 이미 우리에게 은혜와 구원, 사랑, 용서를 내밀고 계십니다. 그런데 그 은혜는 우리의 손(믿음)이 내밀어져야만 우리의 것이 됩니다.

참된 회개와 믿음은 따로 떨어져 있지 않습니다. 내가 죄를 깨닫고, 내 자아(내 욕심, 내 생각, 내 뜻)를 내려놓고 "이제는 주님께 온전히 맡깁니다"라고 고백할 때, 성령께서 예수님의 보혈을 내 마음에 적용하십니다. 그 순간 마음에 평안이 찾아옵니다. 이 평안은 하나님께 완전히 의지할 때 주어지는 내적인 안식입니다.

예를 들어 이런 믿음의 반응을 생각해 볼 수 있습니다.

"하나님, 제 힘으로는 죄를 이길 수 없습니다. 제 생각과 의지를 내려놓습니다. 제 안의 교만과 두려움을 십자가에 못 박습니다."

"주님, 제 인생을 주님의 손에 맡깁니다. 제 문제, 제 상처, 제 계획 모두 주님께 드립니다. 이제는 제가 주님을 조종하려 하지 않겠습니다."

"제가 이해하지 못하는 일이 있어도, 주님이 선하시다는 것을 믿습니다. 주님이 하시는 일이 옳다는 것을 신뢰합니다."

이렇게 자아를 포기하고, 주님께 전폭적으로 맡기고 신뢰하는 고백이 바로 성령께서 속죄의 은혜를 내 마음에 실제로 적용하실 수 있는 믿음의 문입니다.

성령께서는 이런 마음을 가진 사람에게 새 말씀 곧 생명의 떡을 공급하십니다. 그 말씀을 붙들고 순종할 때, 속죄의 은총은 실제로 내 삶에서 역사합니다. 예를 들어 용서하기 힘든 사람을 용서할 수 있게 되거나, 절망 중에서도 감사가 나오거나, 죄의 유혹 앞에서 이길 힘이 생기는 것이 바로 속죄 은총이 실제로 작동하는 모습입니다.

성령께서 말씀으로 우리의 양심을 밝히실 때, 그 빛 안에서 드리는 기도와 찬양, 순종의 삶은 하나님께 향기로운 제사가 됩니다. 이렇게 속죄의 은총은 과거의 사건으로 끝나지 않고, 오늘도 믿음으로 사는 자 안에서 살아 움직이는 능력이 됩니다.

속죄의 은총은 단지 "죄를 용서받는 것"에 그치지 않습니다. 그 은혜는 성령의 능력 안에서 아담의 생명과 연결된 자아가 십자가에 못 박히고, 그리스도의 생명으로 살아가는 새로운 삶을 만들어 냅니다. 이것이 바로 성화의 길입니다.

속죄의 은총을 진심으로 경험한 사람은, 날마다 자신을 십자가에 내어드리며, 성령의 도우심으로 조금씩 더 거룩한 사람으로 변화됩니다.

하나님은 회개하는 자에게 은혜를 주십니다. 그리고 믿음으로 반응하는 자에게 속죄의 실제를 체험하게 하십니다. 이 은혜는 우리가 매일 성령 안에서 말씀으로 새로워지고, 기도와 예배로 하나님께 가까이 나아갈 때 점점 더 풍성해집니다.

속죄 은총은 예수님이 이미 이루신 완전한 구원의 은혜이며, 우리가 믿음과 회개로 반응할 때 그 은혜가 실제가 됩니다. 성령께서는 자아를 포기하고, 전적으로 하나님께 맡기며, 끝까지 신뢰하는 사람에게 예수님의 보혈을 실제로 적용하셔서, 죄 사함뿐 아니라 새 생명과 성화의 삶으로 인도하십니다.

3) 은혜로 새로워진 마음의 열매

예수님은 마가복음 4장에서 하나님의 말씀을 씨앗에 비유하셨습니다. 그리고 우리의 마음은 그 씨앗이 뿌려지는 밭과 같습니다. 밭이 단단하거나 돌이 많거나 잡초로 가득하면 씨앗이 뿌리를 내리지 못하듯이, 우리의 마음이 상처, 걱정, 욕심으로 가득 차 있다면 하나님의 말씀이 자라기 어렵습니다.

그러나 성령님께서 우리의 마음을 갈아엎으실 때, 닫혀 있던 마음이 부드러워지고, 오래된 상처와 억울함이 드러나면서 하나님께 반응할 준비가 시작됩니다. 이것이 바로 하나님의 은혜가 임한 순간입니다. 하나님은 우리의 죄를 아무 때나 드러내지 않으십니다. 우리가 회개할 준비가 되었을 때, 성령님을 통해 말씀으로 우리의 마음을 비추어 주십니다. 성령님은 죄와 의와 심판을 깨닫게 하시며(요 16:8-11), 우리를 자기중심적인 생각과 태도에서 벗어나게 하십니다. 그분의 책망은 정죄가 아니라, 십자가와 순종의 삶으로 이끄는 사랑의 손길입니다.

우리가 회개하고 순종할 때, 마음은 점점 깨끗해집니다. 예수님의 의가 우리 안에 나타나며 참된 평강과 능력이 흘러나옵니다. 이 과정이 바로 성화의 길입니다. 세상의 유혹과 육신의 욕망으로부터 자유로워지고, 마귀의 영향이 점점 사라지는 시간입니다.

성령님께 민감하게 반응하며 마음의 죄를 버릴 때, 하나님의 말씀의 씨앗이 비로소 마음밭에 뿌리내립니다. 회개는 단순히 잘못을 인정하는 행위가 아니라, 하나님께로 돌아가는 길입니다. 성령님이 그 길을 걸을 수 있도록 도우실 때, 작은 일에서도 순종이 시작됩니다. 쉽게 화를 내던 마음이 부드러워집니다. 미워하던 사람을 용서하게 됩니다. 이기적이고 탐욕스러운 마음을 내려놓게 됩니다. 이 모든 변화는 우리의 노력이 아니라, 성령님이 우리 안에서 일하신 결과입니다.

성령님이 맺게 하시는 열매는 마음에서 시작됩니다. 믿음의 말씀이 마음 안에서 싹트고 자라날수록 우리의 생각, 말, 관계가 변하기 시작합니다. 다른 사람을 이해하고, 불평 대신 감사가 나오게 됩니다. 상황이 힘들어도 마음의 평안을 잃지 않게 됩니다. 이 모든 것은 우리가 만들어 낸 것이 아니라, 하나님께 온 마음을 드릴 때 성령님께서 맺게 하시는 은혜의 열매입니다.

결국 은혜로 새로워진 마음은 매일 말씀을 소리 내어 읽고, 깨어 기도와 찬양으로 하나님께 믿음의 반응을 하며 살아가는 마음입니다. 우리가 해야 할 일은 완벽해지려 애쓰는 것이 아니라, 성령님의 손길에 민감하게 반응하는 것입니다. 그래서 우리는 이렇게 기도할 수 있습니다.

"주님, 제 마음을 새롭게 갈아엎어 주십시오. 제 안의 딱딱한 마음을 부드럽게 하시고, 말씀의 씨앗이 깊이 뿌리내리게 하소서."

이렇게 자아를 십자가 앞에 내려놓으면, 하나님은 그 마음밭에 새 말씀의 씨를 심으십니다. 그 씨앗은 하나님의 손길 속에서 자라 풍성한 열매를 맺고, 우리의 마음과 행실을 통해 하나님의 뜻과 성품이 드러나게 됩니다.

4) 성령 안에서 누리는 해방과 새 생명

"그리스도 예수 안에 있는 생명의 성령의 법이 죄와 사망의 법에서 너를 해방하였음이라"(롬 8:2).

(1) 성령 안으로 들어온 새 삶의 질서

로마서 8장 2절은 성령께서 주시는 '생명의 법'을 말씀합니다. 여기서 '법'은 단순한 규칙이 아닙니다. 우리 안에서 죄와 사망을 이기는 권세와 능력, 삶을 움직이는 원리입니다. 옛날에는 사탄이 율법을 근거로 우리를 정죄했습니다. "네가 율법을 어겼으니 정죄 받아 마땅하다"라는 식이죠. 하지만 이제 우리는 예수님의 십자가로 죄값을 이미 치렀고, 성령께서 우리 안에서 다스리십니다. 그래서 사탄은 더 이상 율법으로 우리를 정죄할 수 없습니다.

여기서 중요한 것이 바로 마음과 의지가 새롭게 구조화되는 과정입니다. 성령님이 우리의 마음을 비추시고, 숨겨진 죄와 상처를 드러내십니다. 이전에는 무의식적으로 반응하던 감정과 욕망이 깨달음과 회개의 대상으로 바뀝니다. 예를 들어, 누군가에게 화가 치밀어 오를 때, 이전에는 그냥 터트렸다면, 이제는 "왜 내가 이렇게 반응하는가?"를 깨닫고 회개하며 마음을 주님께 맡깁니다.

또한 성령님은 우리의 선택과 의지를 다스리십니다. 이제 우리는 본능적 반응이나 습관적 죄가 아니라, 성령이 주시는 방향으로 선택하게 됩니다. 예전에는 불편한 사람을 피하거나 원망했지만, 이제는 기도로 사랑을 실천하고 용서를 선택하게 됩니다.

마음과 의지가 성령 안에서 새롭게 배열되면서, 이전에는 욕망과 두려움, 죄의 충동이 중심이었던 삶이 하나님의 뜻과 생명, 성령의 인도를 중심으로 재조직화됩니다. 즉 매 순간 하나님의 뜻에 맞는 선택을 할 수 있도록 마음과 의지가 새롭게 구조화되는 것입니다. 우리는 이제 더 이상 과거의 죄책감에 눌려 살지 않아도 됩니다. 성령 안에서는 매 순간 자유롭게 선택하고, 사랑하고, 용서할 수 있는 힘이 주어집니다.

(2) 이미 시작된 해방과 회개의 실천

예수님을 믿는 순간, 우리의 영혼은 죄의 사슬에서 풀립니다. 하지만 마음과 습관은 여전히 옛 영향을 받습니다. 때로는 화가 나고, 낙심하며, 원하지 않는 행동을 반복하기도 합니다. 여기서 중요한 것은 회개의 자세입니다. 성령님은 우리의 드러나는 죄를 하나하나 보여주십니다. 그리고 그것을 십자가에 맡기도록 인도하십니다.

회개란 내 힘으로 죄를 해결하는 것이 아닙니다. 성령의 법 아래 죄의 권세를 내려놓고, 새 생명으로 살아가는 믿음의 행동입니다. 예를 들어, 남을 미워하는 마음이 올라올 때, 스스로 해결하려 애쓰기보다, "주님, 이 마음을 예수님의 십자가에 맡깁니다"라고 고백하는 것입니다. 이것이 이미 이루어진 해방에 동참하는 삶입니다.

(3) 성령 안에서 자라는 새 생명과 열매

성령님은 단순히 죄를 피하게 하는 분이 아닙니다. 우리 안에서 그리스도의 생명으로 살게 하는 능력을 주십니다. 순종할 때마다 삶 속에서 사랑, 용서, 기쁨, 믿음 같은 열매가 나타납니다. 예전에는 원망하거나 미워했던 사람을 위해 기도하고, 문제 앞에서 낙심하지 않고 "하나님이 나와 함께 하신다"는 믿음을 갖게 되는 것이 바로 새 생명의 증거입니다. 성령님은 우리 마음속 깊은 곳까지 다루십니다. 때로는 부드럽게, 때로는 강하게 도전하셔서, 우리 안에 참된 자유와 평안을 심어주십니다.

(4) 완전한 해방과 영원한 삶

성령 안에서 새 생명은 오늘부터 이미 시작되었습니다. 그러나 성령님은 여기서 멈추지 않으십니다. 마지막 날, 성령께서는 죽을 몸까지 다시 살리시고, 완전한 자유와 영광 안에서 하나님과 함께 살도록 인도하십니다. 현재의 삶에서 성령께 순종하고 회개하며 믿음으로 나아갈 때, 우리는 점점 십자가에서 이미 이루어진 해방과 새 생명을 실제로 누리는 삶을 경험하게 됩니다.

매일의 작은 회개와 순종이 쌓일 때, 우리의 마음과 생각, 말과 행동 모두가 예수님을 닮아가는 길로 변화됩니다. 이것이 바로 성령 안에서 살아가는 삶의 아름다움입니다.

오늘도 이렇게 기도해보세요.

"성령님, 제 안의 죄와 사망의 묶임을 풀어 주시고, 예수님의 생명으로

제 마음을 새롭게 해주세요. 제 안에 진정한 자유와 평안을 주옵소서. 예
수님의 이름으로 기도합니다. 아멘."

2. 회개의 필요와 응답

1) 구원과 회개는 서로 떨어질 수 없는 관계

구원은 전적으로 하나님의 은혜로 주어집니다. 우리가 어떤 선행을 하거나 노력해서 얻는 것이 아니라, 오직 예수 그리스도의 십자가에서 흘리신 보혈로만 받을 수 있습니다. 그러나 이 은혜가 우리의 삶 속에서 실제적인 자유와 변화로 적용되려면 반드시 회개가 따라야 합니다. 베드로는 사도행전 2장 38절에서 이렇게 권면합니다. "회개하여 각각 예수 그리스도의 이름으로 세례를 받고 죄 사함을 받으라." 즉 회개가 있어야 예수님의 보혈이 우리의 죄를 씻는 능력으로 작용합니다.

회개란 단지 잘못을 인정하는 것이 아닙니다. 죄를 미워하고 하나님께로 돌아서는 마음의 변화, 삶의 방향을 바꾸는 결단을 의미합니다. 만약 우리가 회개하지 않은 채 "하나님의 은혜는 무조건적이다"라고만 생각한다면, 성경이 말하는 구원의 실제와는 거리가 있습니다. 회개 없는 은혜는 죄의 권세를 깨뜨리고 마음을 자유롭게 하는 힘을 제대로 누릴 수 없습니다. 회개할 때 비로소 죄 사함의 은혜가 임하고, 죄 사함을 경험할수록 주님을 향한 사랑과 감사가 깊어집니다.

성경은 죄의 현실을 이렇게 말씀합니다.

"너희 죄가 너희와 너희 하나님 사이를 막았고"(사 59:2).

"너희 죄가 너희에게 좋은 것을 막았느니라"(렘 5:25).

죄는 하나님과 우리 사이를 가로막는 보이지 않는 벽과 같습니다. 그 벽이 있는 한, 우리는 참된 자유와 평안을 경험할 수 없습니다. 그러므로 우리는 죄를 마음 깊이 미워하고 버리기 위해 간절히 회개의 영을 구해야 합니다. 회개는 억지로 하는 행위가 아닙니다. 성령께서 마음을 깨우시고 은혜를 주셔야 가능한 변화입니다.

회개는 다음과 같은 과정 속에서 자연스럽게 이루어집니다. 첫째, 성경 말씀을 소리 내어 읽고 내 삶에 비추어 묵상합니다. 말씀 속에서 자신의 죄와 잘못, 부족함을 깨닫습니다. 둘째, 기도하면서 마음을 하나님 앞에 내어 놓습니다. 억지로 죄를 찾기보다, 성령께서 보여주시는 죄를 겸손히 받아들이고 십자가에 맡깁니다. 셋째, 죄를 깨닫고 돌이키고자 결단하고 믿음으로 반응할 때, 성령께서 속죄의 은혜를 마음에 부어 주십니다. 회개와 믿음의 결단이 함께 일어날 때, 죄 사함과 내적 평안이 임합니다.

이 과정 속에서 우리는 하나님의 평안과 기쁨, 새로운 힘을 경험하게 됩니다. 그리고 마음과 행실의 변화가 점점 눈에 보이기 시작합니다. 화를 내던 마음이 점점 누그러지고, 원망과 미움이 사랑과 용서로 바뀌며, 작은 일에도 감사와 기쁨이 넘치는 삶으로 열매를 맺습니다.

2) 회개 없는 이스라엘 백성의 멸망

이스라엘 백성은 출애굽을 통해 하나님의 놀라운 은혜를 경험한 세대였습니다. 그들은 홍해가 갈라지는 구원의 기적을 보았습니다. 광야에서 만나와 반석의 물을 마셨으며, 구름기둥과 불기둥으로 인도하시는 하나님의 임재를 직접 체험했습니다.

그러나 안타깝게도 그들의 결말은 영광이 아니라 멸망이었습니다.

그 이유는 은혜를 받았음에도 불구하고 끝까지 하나님께 순종하지 않았기 때문입니다. 그들은 우상 숭배와 음행, 끊임없는 불평과 원망으로 하나님을 거역했습니다.

바울은 이 사실을 고린도전서 10장에서 신약의 성도들에게 엄중히 경고했습니다.

"그들의 다수를 하나님이 기뻐하지 아니하셨으므로 그들이 광야에서 멸망을 받았느니라"(고전 10:5).
"그들에게 일어난 이런 일은 본보기가 되고 또한 말세를 만난 우리를 깨우치기 위하여 기록되었느니라"(고전 10:11).

바울은 이스라엘의 광야 사건을 오늘 우리에게 주신 경고의 거울로 제시합니다. 이스라엘의 실패는 단순한 역사적 사건이 아니라, 신약시대 성도들에게 주신 영적 경고문입니다.

이스라엘 백성이 범한 죄는 다양했습니다. 그들은 금송아지를 만들어 절했고, 바알브올 사건에서 음행에 빠졌습니다. 하나님을 시험하고 불신하며, 광야에서 끊임없이 원망했습니다. 이 모든 행위는 결국 하나님의 진노와 심판을 불러왔습니다. 바울은 이 경고를 이렇게 요약합니다.

"그런즉 선 줄로 생각하는 자는 넘어질까 조심하라"(고전 10:12).

즉 신앙생활을 오래 했다고 해서, 교회 안에 있다고 해서, 과거에 은혜를 깊이 체험했다고 해서 안심할 수는 없다는 뜻입니다. 믿음의 길은 한순간의 감정이 아니라, 회개와 순종으로 끝까지 달려가는 여정입니다.

오늘 우리의 현실 속에도 이스라엘이 겪었던 동일한 위험이 존재합니다. 우상 숭배는 더 이상 금송아지 앞에 절하는 형태로 나타나지 않습니다. 바울은 "탐심은 우상 숭배니라"(골 3:5)고 증언합니다. 즉 물질과 성공, 명예, 쾌락, 사람을 하나님보다 더 사랑하는 것이 곧 현대의 우상 숭배입니다. 음행 또한 단지 육체적인 타락만을 뜻하지 않습니다. 세상과 짝하여 살아가는 영적인 음행 즉 하나님보다 세상의 가치와 즐거움을 더 의지하는 마음도 하나님 앞에서는 음행입니다.

또한 하나님을 신뢰하지 못하고 자신의 욕망을 이루기 위해 하나님을 시험하는 태도, 삶의 어려움 속에서 불평과 원망으로 반응하는 마음 역시 광야의 이스라엘과 같은 죄입니다.

이스라엘의 역사가 주는 교훈은 분명합니다. 하나님의 은혜를 경험했더라도, 회개 없는 삶은 결국 멸망으로 이어진다는 것입니다. 은혜의 시작이 영광의 끝을 보장하지 않습니다. 구원의 부르심을 받았다 할지라도 성령 안에서 회개와 순종이 뒤따르지 않는다면, 광야에서 쓰러진 이스라엘 백성처럼 될 수 있습니다. 온갖 죄와 세상을 사랑하는 마음을 버리지 않으면 약속의 땅인 가나안 곧 천국에 들어갈 수 없습니다.

이스라엘 백성이 광야에서 멸망당한 사건은 오늘 우리에게 주신 하나님의 경고이자 사랑의 훈계입니다. 하나님은 우리가 성령의 은혜를 힘입어 모든 탐심과 세상 사랑을 십자가에 못 박고 새 생명으로 살기를 원하십니다. 그러므로 우리는 날마다 자아를 부인하고, 성령 안에서 말씀을 붙잡고 살아야 합니다. 단지 "은혜를 받았다"는 사실에 머무르지 말고, 회개와 순종으로 하나님 앞에 나아갈 때 우리는 끝까지 믿음을 지킬 수 있습니다.

광야에서 멸망 당한 다수의 백성이 아니라, 약속의 땅에 들어간 여호수아와 갈렙처럼 믿음과 회개로 승리하는 삶을 살아야 합니다. "선 줄로 생각하는 자는 넘어질까 조심하라." 이 말씀은 두려움을 주기 위한 경고가 아닙니다. 끝까지 믿음을 지켜 구원의 완성에 이르라는 하나님의 사랑의 권면입니다. 하나님의 은혜를 받은 우리는 날마다 회개하며 주님의 길을 따를 때, 마침내 하나님 나라의 영광에 참여하는 자가 될 것입니다.

3) 깨어 믿음을 지키라

바울은 성도들에게 분명히 경고합니다. 구원을 받았다 하더라도 믿음을 버리거나, 회개 없는 삶을 계속하면 위험에 처할 수 있다는 사실입니다.

"믿음과 착한 양심을 가지라 어떤 이들은 이 양심을 버렸고 그 믿음에 관하여는 파선하였느니라"(딤전 1:19).

바울은 과거의 고백만으로는 안전하지 않다고 말합니다. 믿음은 한순간의 사건이 아니라, 오늘도, 내일도 이어지는 삶의 선택입니다. 그는 "착한 양심과 함께 믿음을 굳게 잡아야 한다"고 강조합니다. 양심을 거슬러 세상을 좇고 죄에 물들면, 그 믿음은 결국 방향을 잃고 파선하게 됩니다. 그러나 성령 안에서 지은 죄를 깨닫고 회개하며, 믿음으로 삶을 살아가는 사람은 하나님의 은혜로 정결함을 경험하며 성장하게 됩니다.

바울은 성도들에게 자기 점검을 권면합니다. "너희가 믿음 안에 있는가 너희 자신을 시험하고 너희 자신을 확증하라"(고후 13:5). 믿음은 과거의 고백이나 외적 형식이 아니라, 지금 여기 살아 움직이는 현실이어야 합니다. 오늘 하루, 나의 삶 속에서 믿음이 실제로 작동하고 있는지 점검해야 합니다. 말로는 하나님을 신뢰하지만, 실제 삶에서 세상의 두려움과 욕망을 좇는다면 그 믿음은 참된 것이 아닙니다.

또한 바울은 교회 안에서도 거짓 교훈과 미혹에 대해 경고합니다.

"그러나 성령이 밝히 말씀하시기를 후일에 어떤 사람들이 믿음에서 떠나 미혹하는 영과 귀신의 가르침을 따르리라 하셨으니"(딤전 4:1).

일부 사람들은 믿음에서 떠나 속이는 영과 악령의 가르침을 따른다는 것입니다. 오늘날에도 교회 안팎에서 거짓 교훈과 유혹이 넘쳐납니다. 우리는 구원의 확신에 머물지 말고, 말씀을 소리 내어 읽고 묵상하며, 성령 안에서 깨어 있어야 합니다. 바울의 경고는 믿음을 끝까지 지키도록 인도하시는 성령의 음성입니다.

바울은 믿음을 경주에 비유하며, 끝까지 달릴 것을 강조합니다.

"나는 선한 싸움을 싸우고 나의 달려갈 길을 마치고 믿음을 지켰으니"(딤후 4:7).

믿음의 길은 단거리 경주가 아니라, 마라톤과 같습니다. 잠시 잘 달렸다고 안심할 수 없고, 마지막까지 인내하여 완주해야 "의의 면류관"(딤후 4:8)을 받을 수 있습니다.

오늘날 우리에게 주는 교훈은 분명합니다. 과거의 신앙 고백에 안주하지 말고, 믿음을 끊임없이 점검하고 확증해야 합니다. 또 미혹하는 영과 세상의 유혹을 경계하며, 성령 안에서 깨어 회개와 순종 속에서 열매 맺는 삶을 살아가야 합니다. 바울의 경고는 두려움이 아니라, 은혜의 초청입니다. 하나님은 믿음을 끝까지 살아내고 성령 안에서 회개와 순종 속에서 열매 맺는 삶으로 나아가기를 원하십니다.

4) 회개 없는 자들의 결말

세례 요한은 분명히 경고했습니다. "이미 도끼가 나무뿌리에 놓였으니, 좋은 열매 맺지 않는 나무마다 찍혀 불에 던져지리라"(마 3:10). 하나님 앞에서 중요한 것은 겉모습이나 혈통, 종교적 형식이 아닙니다. 회개에 합당한 삶의 열매가 필요합니다.

예수님도 말씀하셨습니다. "나더러 '주여 주여' 하는 자마다 다 천국에 들어갈 것이 아니요, 다만 하늘에 계신 내 아버지의 뜻대로 행하는 자라야 들어가리라"(마 7:21). 입술로 '주님'이라 부르는 것만으로는 충분하지 않습니다. 주님과의 인격적인 관계 속에서 순종과 성령의 열매가 반드시 따라야 합니다.

"좋은 나무가 나쁜 열매를 맺을 수 없고, 못된 나무가 아름다운 열매를 맺을 수 없나니, 아름다운 열매를 맺지 아니하는 나무마다 찍혀 불에 던져지느니라"(마 7:18-19). 무화과나무의 비유(막 11:13-14)도 이를 보여줍니다. 겉으로 번듯해 보여도 열매 없는 신앙은 결국 하나님의 심판을 받게 됩니다. 열매는 구원받기 위한 조건이 아니라, 구원받은 자에게 나타나는 자연스러운 증거입니다.

시편 73편 27절은 "주를 멀리하는 자는 망한다"고 말씀합니다. 여기서 '멀어진다'는 것은 겉으로 행동 몇 가지를 잘못하는 정도가 아닙니다. 마음이 하나님 대신 다른 것을 기대하고 의지하기 시작하는 상태를 의미합니다. 곧 주님과의 관계가 느슨해지고, 마음의 방향이 바뀌는 것입니다. 겉으로는 아무 문제가 없어 보일 수 있지만, 하나님과의 관계가 멀어지는 순간 믿음으로 쌓아 올린 것들이 무너지기 시작합니다.

이어 "음녀같이 주를 떠나는 자"라는 표현이 나옵니다. 구약에서 음녀는 단지 성적 타락을 의미하지 않습니다. 하나님 외에 다른 것을 사랑하고 의지하는 것을 영적 간음이라 부릅니다. 돈, 성공, 인정, 쾌락을 더 사랑하는 마음이 바로 영적 음란입니다. 그래서 주님은 그 마음을 심각하게 보시는 것입니다. 결국 하나님께서 그런 자를 "멸하신다"고 말씀합니다. 여기서 멸망은 단순히 육체적인 죽음이 아니라, 하나님과의 관계가 완전히 끊어지고 영적 생명이 사라지는 상태를 의미합니다. 하나님 없이 번성하는 것처럼 보여도 결국 무너질 씨앗을 품고 있는 것입니다.

성경은 또 여러 곳에서 "행한 대로 상과 벌을 주신다"고 말씀하십니다. 이는 하나님의 공의로운 평가 원리입니다. 구원은 전적으로 은혜이지만, 상은 은혜로 구원받은 사람들이 맺는 행위의 열매입니다. 행위는 우리가 누구에게 속해 있는지, 마음이 어디를 향하고 있는지를 드러내는 증거입니다. 말하자면 어떤 뿌리를 가진 나무인지 열매로 확인되는 것입니다. 그러므로 하나님과의 관계의 방향성은 결국 우리의 삶에 열매로 드러납니다.

또한 갈라디아서에서는 "사람이 무엇으로 심든지 그대로 거두리라"고 말씀합니다. 오늘의 작은 선택과 습관, 눈길, 말, 생각의 방향이 미래의 열매가 되어 돌아옵니다. 성령을 의지해 믿음으로 심으면 생명의 열매를 거두지만, 육체의 욕망에 심으면 썩어질 열매를 거두게 됩니다. 우리의 하루하루는 보이지 않는 파종입니다. 이 모든 말씀은 결국 한 가지 진리를 가리킵니다. 하나님과 가까워지는 것이 생명이며, 하나님을 떠나는 것이 멸망이라는 사실입니다. 상벌과 심는 대로 거두는 원리는 단지 우리의 마음이 어디를 향해 있는지 보여주는 영적 결과일 뿐입니다.

그래서 아삽은 시편 73편의 마지막에서 이렇게 고백합니다. "하나님께 가까이함이 내게 복이라." 하나님께 붙어 있는 사람은 성령께서 맺게 하신 열매를 나타냅니다. 하나님을 떠난 마음은 결국 스스로 무너집니다. 그러므로 우리는 큰 사건보다 작은 방향을 돌아보아야 합니다. 오늘 나의 주인은 누구이며, 나의 마음은 누구를 향해 있는가. 무엇을 더 사랑하는가. 어디에 기대고 있는가. 하나님은 완전한 공의로 심판하시고, 은혜로 구원하시며, 우리의 선택과 습관 속에 열매를 맺게 하십니다. 결국 인생은 관계이고, 방향이며, 씨 뿌림입니다. 하나님께 가까이 나아갈 때 우리는 생명을 거두는 길 위에 서게 됩니다.

오늘날 많은 성도들이 교회 안에서 예배와 봉사에는 참여하지만, 삶에서는 세상의 가치관과 죄악에 사로잡혀 살아갑니다. 입술로는 "주여 주여" 하지만, 실제 삶에서는 자신의 욕망을 좇습니다. 그러나 하나님은 우리를 정죄하길 원하시는 것이 아니라, 진정한 생명으로 돌아오길 원하십니다. 이런 경고는 하나님께서 회개의 기회를 주기 위한 사랑의 외침입니다. 열매 없는 신앙은 결국 불에 던져지는 나무의 운명을 맞이하게 될 것이기 때문입니다.

그렇다면 하나님이 원하시는 열매는 무엇일까요? 겉모습이 아닌, 회개

　　　　　　　　　　그리스도의 심판대와 성화

로 변화된 삶의 열매 곧 성령의 열매입니다. "사랑, 희락, 화평, 오래 참음, 자비, 양선, 충성, 온유, 절제"(갈 5:22-23). 이 열매가 마음과 행실에서 나타날 때, 하나님께서 기뻐하시는 신앙이 됩니다.

요한계시록은 회개 없는 자들의 최종 결말을 분명히 보여 줍니다. "두려워하는 자들과 믿지 않는 자들과 가증한 자들과 살인자들과 음행하는 자들과 점술가들과 우상 숭배자들과 거짓말하는 모든 자들은 불과 유황으로 타는 못에 던져지리니 이것이 둘째 사망이라"(계 21:8). 예수님께서도 "지옥에서는 구더기도 죽지 않고 불도 꺼지지 않는다"(막 9:48)고 경고하셨습니다.

불못과 둘째 사망은 하나님과의 영원한 단절을 의미하며, 죄와 불순종의 필연적인 결과입니다. 하지만 이 경고는 두려움을 주기 위함이 아닙니다. "주께서는 아무도 멸망하지 아니하고 다 회개하기에 이르기를 원하시느니라"(벧후 3:9). 결국 하나님의 사랑의 부르심입니다.

바울은 "두렵고 떨림으로 너희 구원을 이루라"(빌 2:12)고 증언합니다. 지금이 바로 은혜의 날이며, 회개하고 돌아올 기회입니다. 십자가 앞에서 겸손히 회개하고, 성령 안에서 새롭게 변화되어 하나님 나라에 합당한 열매를 맺는 삶이 영원한 생명으로 나아가는 길입니다. 오늘의 선택이 영원을 결정합니다.

5) 삶의 전환과 은혜의 적용

성경이 말하는 회개는 순간의 후회나 감정에 휩싸여 "내가 잘못했습니다"라고 말하는 것이 아닙니다. 회개는 죄를 버리고 하나님께로 돌아오는 실제적 행동입니다.

참된 회개는 마음속에서 시작되지만, 반드시 삶으로 드러나야 합니다. 죄를 숨기거나 변명하지 않고 하나님 앞에서 솔직히 인정하며 버리는 것입니다. 그저 울고 후회하는 데 그치지 않고, 다시는 같은 죄를 반복하지 않겠다는 결단이 뒤따릅니다. 이것이 죄에서 돌이켜 하나님께 향하는 삶의 전환입니다.

바울은 "회개하여 하나님께 돌아오고 그에 합당한 새 삶을 살아야 한다"(행 26:20)라고 증언합니다. 회개는 마음의 변화로만 끝나는 것이 아니라, 우리의 생각과 말, 행동, 선택이 새롭게 바뀌는 실제적 변화입니다. 구원은 우리의 착한 행위나 노력으로 얻는 것이 아니라, 하나님의 은혜로 주어집니다(엡 2:8-9). 그러나 그 은혜는 회개를 통해 삶 속에 들어옵니다.

회개는 은혜의 문입니다. 회개 없는 은혜는 겉만 번듯한, 값싼 은혜일 뿐입니다. 그러므로 우리는 날마다 말씀 앞에서 자신을 돌아보고, 작은 죄라도 숨기지 말고 하나님께 고백해야 합니다. 거짓말, 교만, 시기, 분노, 음란, 탐심 등 사소해 보이는 죄까지도 주님 앞에 내려놓을 때, 성령께서 우리의 마음을 새롭게 하십니다.

하나님은 그리스도 안에서 택하신 자들의 영과 혼과 몸을 이미 구원하셨습니다. 이 구원은 우리의 행위가 아니라, 예수 그리스도의 십자가와 부활로 완성된 것입니다. 복음적 믿음은 '내가 구원을 이루겠다'가 아니라, '이미 이루어진 구원에 참여하며, 그 생명으로 살아간다'는 고백입니다.

죄가 드러날 때, 복음의 사람은 죄를 숨기거나 부인하지 않습니다. 오히려 '하나님께서 내 안의 어둠을 비추셨구나'라고 깨닫고, 그 죄를 주님께 드리며 회개합니다. 회개는 단지 '죄송합니다'라고 말하는 것이 아니라, '이 죄를 붙잡고 있던 나의 마음과 욕심을 주님께 드립니다. 주님의 성품으로 내 안을 새롭게 채워 주옵소서'라는 영적 교체의 행위입니다. 즉 죄를 인정하고 내려놓으며, 예수님의 성품으로 교체되는 것이 복음적 회개의 본질입니다.

복음적 회개와 율법적 회개는 출발점부터 다릅니다. 율법적 회개는 두려움과 자책에서 시작합니다. 죄를 지은 후 '하나님이 나를 실망하셨을 거야. 더 노력해야지…'라며 스스로 죄를 끊어내려고 노력하지만, 결국 정죄감과 좌절, 반복되는 죄책감에 빠지게 됩니다.

반면 복음적 회개는 사랑과 은혜에서 시작합니다. '나는 또 넘어졌지만, 예수님이 이미 이 죄를 담당하셨다. 그러니 이 죄를 주님 앞에 내려놓고 성령의 은혜로 다시 일어서자.' 복음적 회개는 내 힘이 아닌, 예수님의 십자가를 붙드는 믿음의 반응입니다.

율법적 회개는 죄를 '내가 해결해야 할 문제'로 보지만, 복음적 회개는 죄를 '예수님이 이미 해결하신 문제'로 봅니다. 율법적 회개는 인간 중심이지만, 복음적 회개는 그리스도 중심입니다. 율법적 회개는 잠시 죄를 이기면 자기 의를 자랑하고, 다시 넘어지면 사탄의 정죄를 받습니다. 그러나 복음적 회개는 은혜 안에서 자유와 변화를 누리며, 주님만 자랑하게 됩니다.

복음적 회개는 죄를 덮거나 무시하지 않습니다. 마음의 어두움을 빛 가운데 드러내어 주님께 드립니다. 그리고 그 죄와 정욕을 내려놓으며, 예수님의 성품으로 교체되는 삶을 살아갑니다. 이것이 바로 이미 이루어진 구원을 믿음으로 누리는 성화의 길입니다.

성화는 구원을 얻기 위한 조건이 아닙니다. 성화는 이미 얻은 구원이 삶 속에서 드러나는 과정입니다. 예를 들면 오늘 하루 작은 선택 속에서도 성령께 순종하며 마음을 새롭게 하는 것이 성화의 한 걸음입니다. 내가 변하려고 애쓰는 것이 아니라, 내 안에 계신 그리스도의 생명이 나를 변화시키는 역사입니다. '내가 죄를 버린다'가 아니라, '예수님이 내 안에서 죄를 이기신다'는 믿음의 삶이 성화입니다.

하나님께 택함받은 자들의 구원은 이미 완성되었습니다. 그러나 그 완성된 구원이 우리의 마음과 행실에서 드러나기까지, 성령께서는 매일 말씀과 은혜로 우리를 빚어 가십니다. 결국 회개는 후회가 아니라, 죄를 버리고 하나님께로 돌아오는 삶의 전환입니다. 구원의 은혜는 바로 그 회개를 통해 우리 삶 속에 실제로 임합니다.

그러므로 우리는 날마다 말씀 앞에서 자신을 비추어 보고, 회개함으로 은혜 안에 거해야 합니다. 그리고 회개에 합당한 열매를 맺어야 합니다. 이것이 참된 구원의 길이며, 불못과 둘째 사망이 아닌 영원한 생명을 누리는 복된 길입니다.

3. 심판과 상급

1) 은혜로 받은 구원, 불로 검증되는 삶

"누구든지 그 공적이 불타면 해를 받으리니, 그러나 자신은 구원을 받되 불 가운데서 받은 것 같으니라"(고전 3:15).

이 말씀은 구원의 확실성과 삶의 검증이라는 두 가지 진리를 동시에 보여줍니다. 먼저, 예수 그리스도를 믿어 거듭난 사람은 구원을 잃지 않습니다. 구원은 우리의 노력이나 공로가 아니라, 오직 예수 그리스도의 십자가로 이루어진 확실한 은혜입니다. 그러므로 진심으로 예수님을 믿고 새 생명을 얻은 사람은 하나님의 손에서 결코 떨어지지 않습니다.

그러나 구원받은 자의 삶은 불로 시험을 받습니다. 하나님은 우리의 구원을 판단하시는 분이 아니라, 구원받은 이후 우리가 그리스도의 기초 위에 무엇을 세웠는가를 살피십니다(고전 3:11). 이때 각 사람의 공적 즉 믿음의 행위와 그 결과는 불로 검증되어 참된 것만 남게 됩니다.

공적의 기준은 겉으로 드러난 사역의 크기나 양이 아닙니다. 중요한 것은 그리스도의 기초 위에 믿음으로, 어떤 마음으로 쌓았는가입니다. 겉으로는 대단해 보이는 봉사나 헌신도, 그 동기가 자기 자랑이나 사람의 인정을 위한 것이라면 결국 불타 없어집니다(마 6:1-5). 반대로 사람들의 눈에는 작고 미미해 보이는 순종이라도 성령 안에서 믿음과 아가페 사랑으로 행한 것이라면 금, 은, 보석처럼 불 속에서도 타지 않고 영원히 남는 상급이 됩니다.

　결국 구원은 은혜로 확실하지만, 삶의 결과는 하나님의 불 앞에서 검증됩니다. 그 불은 심판의 두려움이 아니라, 우리가 이 땅에서 행한 것들 중 성령 안에서 하나님께 드린 것만 남기시는 거룩한 정화의 불입니다. 이 진리는 우리에게 두 가지를 가르칩니다. 하나는 은혜 안에서 구원의 확신을 잃지 말라는 것이며, 또 하나는 그 은혜에 합당한 삶으로 살아가라는 권면입니다. 하나님은 우리의 외적인 업적보다 마음의 동기와 사랑의 열매를 보십니다. 성령 안에서 믿음으로, 아가페의 사랑으로 행한 일만이 불의 시험을 지나 영원히 남게 될 것입니다.

2) 불의 시험과 심판대

　하나님은 불을 사용해 우리 믿음을 정결하게 하시고, 참된 것을 드러내십니다. 베드로전서 1장 7절은 믿음의 시련을 "불로 연단하여도 없어질 금보다 더 귀하다"고 증언합니다. 고린도전서 3장 13-15절에서는 마지막 날 우리의 행위가 불로 시험을 받아 그 가치가 드러난다고 말씀합니다. 말라기 3장 2-3절에서는 하나님을 금을 정련하는 제련사에 비유하며, 불을 통해 은을 정결하게 하신다고 기록되어 있습니다.

　즉 불은 금과 은을 태워 없애는 것이 아니라 잡티와 불순물을 제거하여 본래 순수한 빛을 드러내는 과정입니다. 예수님을 믿는 자에게 오는 시련도 마찬가지입니다. 하나님은 우리를 멸하려는 것이 아니라, 죄와 불순한 동기를 드러내고 제거하며, 우리 안에서 그리스도의 형상을 이루시는 것입니다.

① 심판대와 상급 및 징계

많은 그리스도인은 "심판대는 오직 상급만 주는 자리"라고 배워 알고 있습니다. 그런데 성경은 그렇지 않음을 분명히 보여줍니다. 고린도전서 3장 12-15에서는 우리가 그리스도의 터 위에 세운 건축물이 금, 은, 보석 같은 선한 재료인지 아니면 나무, 풀, 짚 같은 불완전한 재료인지를 시험하는 불을 언급합니다. "그 사람은 구원은 받으리라 하되" 즉 구원은 유지되지만, 행위에 따라 상급과 손해가 갈릴 수 있다는 의미입니다.

고린도후서 5장 10절은 "우리는 다 반드시 그리스도의 심판대 앞에 나타나게 되어 각각 선한 일과 악한 일에 따라 상과 벌을 받으리라"라고 말씀합니다. 심판대의 목적이 구원 여부가 아니라 삶의 평가와 성화 과정임을 보여줍니다.

심판대의 결과는 선하게 행한 삶에 대한 상급과, 회개하지 않은 죄와 불순물을 하나님께서 징계와 정화를 통해 깨끗하게 하시는 과정입니다. 즉 심판대는 구원을 결정하는 자리가 아니라, 이미 구원받은 자의 삶을 평가하여 상급을 주시고 미완성된 부분을 정결하게 하시는 자리입니다. 구원은 이미 확보되어 있지만, 상급은 받을 수도, 일부 잃을 수도 있으며, 징계를 통해 연단 됩니다.

마태복음 12장 36-37절과 로마서 14장 10-12절은 우리에게 중요한 한 가지 진리를 가르칩니다. 구원받은 성도라도 삶에서 했던 모든 말과 행동, 마음의 태도는 하나님 앞에서 반드시 평가받는다는 것입니다. 구원은 예수 그리스도를 믿는 믿음으로 이미 확정된 것이며, 이 심판은 구원을 잃게 하거나 지옥에 떨어뜨리기 위한 심판이 아닙니다. 그렇다고 해서 우리의 말과 행동이 가볍게 넘어가는 것도 아닙니다. 하나님은 사람이 예수님을 믿고 난 이후 했던 모든 말과 행위를 심판 날에 밝히 드러내시고, 각 사람이 자기 삶을 하나님께 설명하게 하십니다.

이것이 바울이 증언하는 하나님의 심판대입니다. 이 심판대는 믿지 않는 사람을 심판하는 최후의 심판이 아니라, 구원받은 자들의 삶을 평가하는 자리입니다. 여기서 하나님은 우리가 주님을 위해 행한 선한 일들을 기억하시고, 그것에 대해 상급을 주십니다. 그러나 동시에 우리가 회개하지 않고 방치해 온 죄, 무심코 내뱉은 말, 남을 상하게 했던 말, 게으름과 자기중심성 같은 숨겨진 마음들도 하나님의 빛 가운데 드러나 책망을 받습니다.

성경은 이러한 책망을 단순한 형벌이라고 말하지 않습니다. 그것은 하나님의 자녀를 깨끗하게 하시는 거룩한 정화의 과정입니다. 고린도전서 3장 15절은 구원받은 사람이라 하더라도 삶의 열매가 불로 태워지는 아픔을 겪을 수 있다고 말합니다. 즉 구원은 잃지 않지만, 하나님 앞에서 부끄러움과 슬픔과 깨닫는 고통을 경험하며, 그 죄가 정화되고 마음과 동기가 온전히 하늘나라의 가치에 맞게 변화되는 시간이 있는 것입니다.

따라서 심판대는 단순히 상을 받는 축제의 자리가 아니라, 우리가 하나님 앞에서 진실하게 서는 자리입니다. 주님을 위해 살았던 것들은 영원한 상급으로 남고, 하나님을 외면하거나 자기중심적으로 살았던 부분들은 하나님의 빛과 사랑 앞에서 깨지고 다듬어집니다. 이는 우리를 버리기 위해서가 아니라, 우리를 온전히 거룩하게 하여 하나님 앞에 완전한 모습으로 세우기 위함입니다.

 그리스도의 심판대와 성화

② 심판대와 성화

성경은 믿음을 단순히 "예수님을 믿었다"는 한 순간의 사건으로 제한하지 않습니다. 믿음은 씨앗처럼 심겨진 후, 자라고 성숙하여 열매를 맺기까지의 전 생애적 여정입니다. 예수 그리스도를 믿고 회개할 때, 마음에 생명의 싹이 트는 구원의 시작이 주어집니다. 그러나 그 단계는 아직 어린 믿음의 상태이며, 이후 성도의 삶 속에서 자라야 할 영역이 매우 많습니다.

시간이 지나며 우리는 말씀을 배우고 순종을 연습하며, 예배하고 섬기고 사랑을 실천하는 과정을 거칩니다. 이때 믿음은 줄기와 잎을 내며 자라는 이삭과 같은 단계로 나아갑니다. 이 과정이 바로 성화 곧 거룩함으로 성장해 가는 과정입니다. 우리의 말과 행동, 선택, 숨겨진 동기, 마음의 태도까지도 하나님 앞에서 평가되는 이유가 여기에 있습니다.

성령의 인도하심에 민감하게 순종하고 하나님의 뜻을 따라 살아가며 선한 열매를 맺는 삶은 마침내 알곡의 믿음으로 성숙하게 됩니다. 이러한 삶을 사는 자들에게 심판대(그리스도의 심판석)는 칭찬과 보상의 자리가 됩니다.

하지만 이 성화의 여정 속에서 우리가 순종하지 못했던 부분들, 회개 없이 남겨둔 죄의 찌꺼기들은 하나님 앞에서 반드시 다뤄집니다. 심판대의 불로 시험받는다는 성경의 표현(고전 3:13)은 구원을 상실하는 형벌이 아니라, 남은 껍데기를 태우는 정결의 은혜입니다. 이는 죄악을 미워하시는 하나님의 공의이자, 사랑하는 자녀를 연단하시고 성숙시키려는 아버지의 자비입니다.

성도는 이 땅을 살면서 이미 많은 연단을 받습니다. 시험과 고난, 깨달음과 눈물의 회개를 통해 마음속의 죄를 십자가에 내려놓으며 정결의 은혜를 경험합니다. 그러나 우리가 살아 있는 동안 다 처리하지 못한 죄와 불순종의 본성은 하나님 나라에서도 불같은 심판을 통해 드러나고 제거됩니다. 이는 마치 정금이 불을 통과할 때 불순물이 제거되는 과정처럼, 구원을 보존하되 성품을 정결하게 만드는 하나님의 작업입니다.

중요한 것은, 우리가 인간적 의지로 죄를 극복하는 것이 아니라, 이미 십자가에서 이루신 속죄 은혜를 믿음으로 적용할 때 비로소 죄의 문제가 처리된다는 사실입니다. 하나님은 대표로서 아들을 통해 이미 승리를 이루셨고, 우리는 그 은혜를 인정하고 받아들이는 믿음을 통해 성숙해 갑니다.

성화의 과정은 우리가 피할 수 없는 여정입니다. 오늘날 많은 사람들은 "예수님을 믿기만 하면 곧바로 천국에 들어가고, 잠시 상급만 평가 받는다"는 오해를 합니다. 그러나 그것은 하나님의 공의를 가볍게 여기는 위험한 생각입니다. 하나님은 사랑의 하나님이시지만 동시에 공의의 하나님이십니다. 모든 죄는 반드시 처리되어야 하며, 깨끗하게 정리되어야 합니다. 성령께서 다루시지 않은 죄는 하나님 나라에 그대로 들고 들어갈 수 없습니다. 하늘에는 조금의 죄도 남아 있을 수 없습니다.

이 진리는 이미 구약의 모형으로 주어졌습니다. 이스라엘은 애굽에서 해방된 즉시 약속의 땅에 들어가지 못했습니다. 반드시 광야 40년을 지나 연단받고, 정결케 되고, 순종을 훈련받고, 하나님의 백성으로 성숙한 정체성을 갖추어야 했습니다. 이것이 구원의 설계도입니다.

▶ 애굽 탈출(출애굽) = 중생, 구원의 시작

▶ 40년 광야 = 성화, 연단, 거룩의 과정

▶ 가나안(천국) = 영광, 하나님 나라의 상급

이 원리를 이해하지 못한 사람들은 "애굽을 나오기만 하면 곧바로 가나안"이라고 잘못 생각합니다. 하지만 성경 어디에도 이런 길은 존재하지 않습니다. 따라서 영계의 심판대에서 이루어지는 징벌적 정화를 부정하는 것은 곧 광야의 필요성을 부정하는 것이며, 하나님이 의도하신 구원과 성화의 설계도를 무너뜨리는 주장입니다. 구원은 단회적 사건이면서 동시에 과정입니다. 모든 사람은 예외 없이 그 과정을 지나가야 합니다.

심판대는 두 가지를 드러냅니다.

❶ 우리가 성령의 은혜를 따라 자란 만큼의 열매 → 칭찬과 상급

❷ 우리가 다루지 않고 남겨둔 죄의 잔재 → 불로 태워 정결하게 함

이는 공의와 사랑이 완벽하게 만나는 자리입니다. 하나님께서 불로 시험하시는 이유는 버리기 위함이 아니라 온전하게 하려는 목적입니다.

결론적으로, 심판대에서의 상급과 징계는 성도의 성화 과정의 완성 단계이며, 하나님께서 자녀를 거룩하게 만드시기 위한 마지막 정결의 은혜입니다. 그러므로 우리는 이 땅에서 성령의 부르심에 민감하게 순종하고, 오늘의 연단을 가볍게 여기지 말아야 합니다. 구원의 과정은 결코 무시될 수 없습니다. 믿음은 씨앗에서 이삭으로 그리고 알곡으로 자라나야 하며, 그 결실은 그리스도의 심판대 앞에서 드러나게 될 것입니다.

③ 연옥과 성경적 심판대의 차이

사람은 누구나 죽음 이후에 대해 궁금해합니다. 특히 "죄 문제는 어떻게 해결되고, 우리는 어떻게 하나님 앞에 서게 되는가?" 하는 질문은 매우 중요한 주제입니다. 이와 관련해 가톨릭에서는 연옥을 말하고, 개신교에서는 그리스도의 심판대를 강조합니다. 겉으로 보기에는 둘 다 죄와 정화, 그리고 삶의 평가와 관련되어 비슷해 보입니다. 그러나 실제로는 그 의미와 목적이 완전히 다릅니다. 이 글은 두 개념이 왜 다른지, 성경적 관점에서

차이를 쉬운 말로 정리하고자 합니다.

먼저, 가톨릭 전통에서 말하는 연옥은 죽은 후 정화의 과정으로 이해됩니다. 연옥은 이미 천국에 들어갈 가능성이 있는, 즉 구원에 가까운 영혼이지만 아직 완전히 깨끗하지 못한 상태에서 천국의 완전한 거룩함에 이르기 위해 마지막 정결을 받는 곳이라고 설명합니다(가톨릭 교회 교리서 1030-1031). 가톨릭은 예수님을 통한 구원을 분명히 고백하지만, 그 구원의 열매가 완전히 이루어지기 위해 때로는 사후에도 정화가 필요할 수 있다고 보는 것입니다(트리엔트 공의회, 연옥 교리/가톨릭 교회 교리서1030). 이 정화는 하나님의 자비와 그리스도의 공로 안에서 일어나는 일이라고 강조합니다.

반면, 성경에서 말하는 그리스도의 심판대는 이미 예수님을 믿어 구원받은 성도가 서는 자리입니다. 이 심판은 구원의 여부를 다시 결정하는 심판이 아닙니다. 예수님을 믿는 순간 우리는 의롭다 함을 받고 구원은 확정되었습니다. 따라서 심판대에서는 우리가 이 땅에서 어떻게 믿음을 실천하며 살았는지, 그 행위가 어떤 열매를 맺었는지, 그리고 그 동기가 어떤 마음에서 나왔는지를 밝히고 평가합니다(고후 5:10, 롬 14:10). 그 결과 하나님께서 상급을 주시거나, 상급을 잃을 수 있습니다(고전 3:12-15). 즉 심판대는 구원 이후의 삶에 대한 하나님의 평가와 칭찬의 자리입니다.

이처럼 차이가 생기는 이유는 칭의와 성화, 즉 구원의 단계에 대한 이해가 다르기 때문입니다. 성경은 우리가 예수님을 믿을 때 즉시 의롭다 하심을 받는다고 말합니다. 이것을 칭의라고 합니다. 이는 전적으로 예수님의 십자가 은혜로 이루어지는 것이며 인간의 행위가 조금도 더해질 수 없습니다(엡 2:8-9, 롬 8:1). 하지만 성화, 즉 거룩함의 성장은 평생에 걸쳐 이루어지는 과정입니다. 성령께서 우리를 변화시키시고, 우리는 순종을 통해 믿음

    그리스도의 심판대와 성화

의 열매를 맺게 됩니다(빌 2:12-13).

이때 중요한 균형이 있습니다. 행위는 구원의 원인이 아니지만, 참된 믿음은 반드시 행위로 드러나는 열매를 맺습니다. 야고보서가 "행함이 없는 믿음은 죽은 것"(약 2:17)이라고 말한 이유가 여기에 있습니다. 다시 말해, 행위는 구원받은 자의 증거이지, 구원을 얻기 위한 조건이 아닙니다.

그러므로 연옥과 그리스도의 심판대의 차이는 명확합니다. 연옥은 가톨릭에서 사후 정화를 설명하는 개념이고, 심판대는 성경에서 말하는 이미 구원받은 자의 삶을 평가하는 자리입니다. 예수님이 십자가에서 "다 이루었다"(요 19:30)고 선언하신 그 순간 믿는 자에게 영원한 형벌 문제는 완전히 해결되었습니다. 우리는 정죄함이 없습니다(롬 8:1). 그 이후의 여정은 성령 안에서 거룩함을 이루어 가는 삶이며, 하나님께서는 그 삶의 열매를 기뻐하시고 심판대에서 칭찬과 상급으로 보답하십니다. 이것이 성경이 보여주는 분명한 소망입니다.

결국 모든 것은 예수님의 은혜에서 시작되고, 그 은혜로 완성됩니다. 그러므로 우리는 지금 이 순간, 하나님을 사랑하고 아가페 사랑으로 이웃을 섬기며 믿음의 열매를 기쁨으로 맺는 삶을 살아야 합니다. 그날 주님 앞에서 기쁨으로 서기 위해서입니다.

바울은 "우리가 다 반드시 그리스도의 심판대 앞에 드러나 각각 선악 간에 그 몸으로 행한 것을 따라 받으려 함이라"(고후 5:10)고 증언하며, 구원받은 자라도 그 앞에서 삶의 내용은 분명하게 드러나고 평가된다는 사실을 보여줍니다. 여기서 말하는 '선악'은 구원을 결정하는 기준이 아니라, 구원받은 이후 그가 무엇을 위해 살았는가, 무엇을 사랑했는가, 어떤 목적을 두고 행했는가를 분별하는 기준입니다.

이때 하나님께 순종하며 믿음으로 드린 헌신, 사랑, 섬김, 눈물과 같은 것은 금, 은, 보석처럼 남아 영원한 상급이 됩니다. 반대로 사람의 인정만을 구한 행위, 교만, 회개하지 않은 죄, 믿음을 떠난 자기중심적 행위는 불로 태워지듯 사라질 것입니다. 그러나 이것은 영혼의 멸망을 뜻하지 않습니다. 성경은 "그 자신은 구원을 받되 불 가운데서 받은 것 같으리라"(고전 3:15)고 말하며, 이 불이 멸망의 불이 아니라 정결하게 하는 불임을 분명히 합니다.

즉 심판대는 구원 여부를 결정하는 자리가 아니라, 이미 구원이 확정된 성도들이 하나님 앞에서 성화가 완성되는 과정입니다. 땅에서 완성되지 못한 성품의 변화와 거룩의 실체가 이 자리에서 마침내 드러나고 정리됩니다. 이것이 심판대에서 있을 수 있는 '징계'의 의미입니다. 이는 버려짐이나 정죄가 아니라, 아버지의 사랑 안에서 남아 있는 어둠과 불순물을 태워 없애는 치유의 과정입니다.

그러므로 그리스도의 심판대는 두려움의 자리가 아닙니다. 오히려 우리가 하나님을 얼마나 사랑했고, 성령 안에서 어떻게 믿음으로 순종하며 살아왔는지 드러나는 영광의 자리입니다. 간단히 말해서 연옥은 "구원에 이르기 위한 정화 과정"이라는 관점이라면, 심판대는 "이미 얻은 구원의 열매가 드러나고, 거룩이 완성되는 자리"입니다. 구원은 오직 예수 그리스도를 믿음으로 받습니다. 카톨릭의 구원 개념을 논하려는 의도는 전혀 없으며, 단지 오해를 막기 위한 비교입니다.

결론적으로, 그리스도의 심판대에서는 단지 상급만 주어지는 것이 아닙니다. 구원받은 성도라도 성화의 길에서 회개하지 않은 죄가 있다면 하나님의 징계를 통해 정결하게 다듬어지는 연단을 경험하게 됩니다. 이것은 벌을 통해 자녀를 멀리하거나 버리려는 것이 아니라, 하나님께서 자녀를 더욱 거룩하게 세우시는 사랑의 훈육입니다. 한편, 성령의 인도하심에 순종하며 선한 열매를 맺은 삶에 대해서는 상급과 칭찬을 받게 됩니다. 이 모든 과정을 통해 하나님은 완전한 공의의 하나님이시며 동시에 우리를 포기하지 않으시는 사랑의 아버지이심이 분명하게 드러납니다.

"자녀들아, 이제 그의 안에 거하라 이는 주께서 나타내신 바 되면 그가 강림하실 때에 우리로 담대함을 얻어 그 앞에서 부끄럽지 않게 하려 함이라"(요일 2:28).

그리스도 안에 거하면, 불 속에서도 남는 금처럼 담대히 주님 앞에 설 수 있습니다. 그러나 회개하지 않은 삶을 산 자는 구원이 있어도 주님 앞에서 부끄러움과 후회를 피할 수 없습니다. 하나님은 성도의 삶을 가볍게 여기지 않으십니다. 은혜로 구원받았지만, 그 위에 쌓은 믿음의 행위와 마음의 동기는 반드시 하나님의 불 앞에서 드러납니다. 심판대의 불은 우리 믿음을 정결하게 하고, 성화를 완성하며, 하나님께 영광 돌리는 과정입니다.

3) 금·은·보석과 나무·풀·짚

성경에서 금·은·보석은 성령 안에서 믿음과 아가페 사랑으로 행한 순종의 열매를 뜻합니다. 성령 안에서 은밀하게 드린 기도, 사랑으로 섬긴 봉사, 자기부인을 통한 헌신이 이에 해당합니다. 또 하나님 중심으로 한 경건 생활과 성령으로 말하고 행동한 모든 삶도 포함됩니다. 이 모든 것들은 불로 시험해도 그대로 남아 영원한 상급이 됩니다.

반면 나무·풀·짚은 회개하지 않은 죄와 내 중심, 불순한 동기에서 나온 행동입니다. 칭찬받기 위해 한 봉사, 자기만족을 위한 경건 활동, 질투와 시기에서 나온 행동이 이에 해당합니다. 이런 것들은 불로 시험할 때 모두 타 없어지고, 상급은 남지 않습니다.

믿는 자가 심판대에 서면 상급과 책망이 드러납니다. 이 땅에서도 연단받으며 상급과 책망을 드러내십니다. 성령 안에서 믿음과 사랑으로 살아낸 삶은 금·은·보석처럼 남습니다. 반대로 내 중심과 불순한 동기로 한 모든 일은 나무·풀·짚처럼 사라지고 수치와 책망만 남습니다. 이것은 구원과는 별개로, 삶의 가치와 영향이 평가되는 과정입니다. 즉 구원은 은혜로 확정되었지만, 삶의 질과 열매에 따라 상급과 책망이 나뉘는 것입니다.

우리는 심판의 실제성을 잊지 말아야 합니다. 날마다 말씀 앞에서 자신을 점검하며 살아야 합니다. 이것이 바로 은혜에 합당한 삶이며, 불의 시험 앞에서도 담대히 설 수 있는 유일한 길입니다.

① 회개의 삶

구원은 이미 확정된 하나님의 은혜의 선물입니다. 그러나 회개 없는 삶은 그리스도의 심판대에서 책망과 손해를 남길 수 있습니다. 그러므로 우리는 날마다 자신을 돌아보며, 죄를 자백하고 돌이키는 지속적인 회개의 삶을 살아야 합니다.

회개는 인간의 의지만으로 이룰 수 있는 일이 아니라, 성령께서 주시는 은혜로만 가능합니다. 이 회개의 은혜를 깊이 경험하는 가장 좋은 방법 중 하나는 말씀을 소리 내어 읽는 것입니다. 제가 쓴 책 「말씀소리, 회개를 폭

　그리스도의 심판대와 성화

발시키다」에는 회개의 실제적인 방법을 구체적으로 정리해 두었습니다. 회개하기를 간절히 원하는 분들은 참고하셔서, 말씀 앞에서 주시는 회개의 은혜를 체험하시기 바랍니다. 말씀의 음성이 마음을 두드릴 때, 성령께서 내면의 죄를 비추시고 참된 돌이킴의 은혜로 인도해 주십니다.

　② 은밀한 순종

　사람이 보지 않아도 하나님은 우리의 모든 순종을 기억하십니다. 예수님께서는 "은밀한 중에 보시는 네 아버지께서 갚으시리라"(마 6:4)고 말씀하셨습니다. 작고 보이지 않는 일이라도 성령 안에서 믿음으로 행한 순종은 하나님께서 반드시 상급으로 갚으십니다. 예를 들어 누군가를 위해 조용히 드린 중보기도, 아무에게도 알리지 않고 예수님의 사랑으로 베푼 작은 친절, 남이 알아주지 않아도 묵묵히 믿음으로 감당한 섬김과 헌신입니다. 이 모든 일은 사람 눈에는 작고 하찮아 보여도, 하나님 앞에서는 금·은·보석과 같은 가치를 지닙니다.

　진정한 순종은 사람의 시선이 아니라 하나님 한 분의 시선을 의식하는 삶입니다. 우리가 보이지 않는 자리에서도 하나님을 기쁘게 하는 선택을 할 때, 그 은혜와 열매는 영원한 상급으로 돌아옵니다.

　③ 동기의 정결

　신앙의 행위에서 중요한 것은 겉모양이 아니라 마음의 중심입니다. 예수님은 사람에게 보이려는 의도를 경계하시며, 하나님을 기쁘시게 하는 마음으로 행하라고 말씀하셨습니다. "사람에게 보이려고 행하지 말라"(마 6:1). 그러므로 우리가 선행, 봉사, 헌신을 할 때마다 스스로 물어야 합니다.

'이 일이 사람의 칭찬을 받기 위해 하는가? 아니면 하나님을 기쁘시게 하기 위함인가?'

정결한 동기로 행한 선한 일은 불의 시험을 통과하여 영원히 남습니다. 하지만 사람의 인정을 구하며 자아 만족을 구한 일들은 불타 사라지고 상급도 남지 않고 오히려 책망을 받습니다. 예를 들어 남들이 알아주길 바라며 한 봉사나 헌금이나 칭찬받기 위해 한 교회 활동, SNS에 자랑하려고 한 선행 등 이런 행위는 불 속에서 타 없어질 나무·풀·짚과 같습니다.

그러나 영원한 상급이 있습니다. 사람들에게 드러나는 선행이라도, 주님을 사랑하는 순수한 마음으로 행한 것이라면 하나님께서 인정하십니다. 더 나아가, 성령 안에서 아무도 모르게 드린 중보기도, 은밀하게 행한 이웃 섬김, 남들이 모르는 기도와 헌신은 모두 하나님만 아시는 귀한 행위입니다. 이러한 순종과 사랑은 금과 은, 보석처럼 영원히 가치 있게 남습니다.

우리는 하나님께 인정과 칭찬과 상급을 받기 위해서 지금부터 하루를 돌아보며 내가 한 행동의 동기를 점검해야 합니다. 사람의 칭찬과 인정보다는 하나님께 영광을 돌렸는지 살펴보아야 합니다. 내 마음이 정결하지 않음을 깨달았으면 주님께 회개하며 다시 마음을 바로잡아야 합니다. 그리고 은밀한 자리에서도 성령 안에서 믿음과 사랑으로 선행을 계속해야 합니다. 동기의 정결은 우리의 삶을 불 속에서도 남는 믿음의 행위로 만들고, 하나님께 영광을 돌리는 순수한 신앙의 증거가 됩니다.

④ 심판의 실제성 인식

심판은 피할 수 없는 실제 사건입니다. 그렇기 때문에 우리는 이 땅에서도 날마다 자신을 점검하며, 믿음과 사랑으로 살아가야 합니다. 바울은 이

 그리스도의 심판대와 성화

렇게 권면합니다.

"그러므로 내 사랑하는 형제들아, 견실하며 흔들리지 말고 항상 주의 일에 더욱 힘쓰는 자들이 되라. 이는 너희 수고가 주 안에서 헛되지 않은 줄 앎이라"(고전 15:58).

오늘 우리가 성령 안에서 행하는 믿음과 사랑, 순종과 헌신은 결코 헛되지 않습니다. 비록 눈에 보이지 않을지라도, 하나님은 모든 것을 기억하시고, 영원한 상급으로 갚아 주십니다. 심판은 단지 사후 영계에서만 이루어지는 것이 아닙니다. 우리는 이미 이 땅에서 하나님의 징계와 연단을 경험하며, 그 안에서 심판의 현실을 살아갑니다. 때로는 정신적 고통, 육체적 질병, 물질적 어려움을 겪고, 부부 · 부모와 자녀 · 형제 · 교우들과의 관계 속에서 갈등과 상처를 경험합니다.

이 모든 경험 속에서 우리는 연단을 받으며 회개하고 하나님께로 마음을 돌립니다. 주님의 은혜 안에서 치유와 변화의 아름다운 열매를 맺게 됩니다. 즉 심판은 현재 우리가 겪고 있는 징계와 연단이며, 동시에 성화와 성장의 과정입니다.

더 나아가 우리가 날마다 경험하는 율법과 죄 그리고 믿음으로의 반응 역시 심판대 위에서 살아가는 삶과 같습니다. 우리의 마음속에는 교만, 분노, 질투, 거짓, 욕심과 같은 죄가 늘 존재합니다. 율법은 이 죄들을 드러내며 "이것은 하나님 앞에서 옳지 않다"고 알려줍니다. 그런데 단순히 죄를 깨닫는 것에서 멈춘다면, 마음의 연단이 이루어지지 않습니다.

중요한 것은 믿음으로 반응하는 삶입니다. 우리는 드러난 죄를 하나님 앞에 내려놓고, 예수 그리스도의 십자가를 통해 이미 정죄당하지 않았음을 믿음으로 붙잡아야 합니다. 마음속으로 "이 죄를 내 힘으로 해결할 수 없지만, 예수님께서 이미 대신 심판 받으셨다. 나는 그 은혜 안에서 자유하다"라고 고백하며 그 죄를 내려놓는 것입니다. 이 과정을 반복하면서, 우리는 단순히 죄를 인식하는 수준에서 벗어나 죄를 십자가에 못 박는 삶을 살아가게 됩니다.

심판대에서 우리의 행위가 평가되는 것처럼, 우리의 마음과 동기, 반응과 선택 하나하나가 하나님께서 주시는 은혜 안에서 점검받고 성화 됩니다. 우리는 이 과정 속에서 점점 더 하나님의 형상대로 변화되고, 믿음과 사랑으로 성숙해 가는 삶을 살아가게 됩니다.

택함받은 자들의 구원은 이미 은혜로 확보되었지만, 우리의 믿음과 삶의 열매, 순종과 헌신은 심판대에서 평가됩니다. 날마다 동기를 정결하게 하고, 은밀한 순종을 실천하며, 성령 안에서 믿음과 사랑으로 살아갈 때, 하나님께서는 모든 수고를 영원한 상급과 기쁨으로 갚아 주십니다.

즉 심판은 죽음 이후에 경험하는 미래의 사건이 아니라, 우리가 믿음을 시작하는 순간부터 이미 진행되고 있는 현재적이고 실제적인 경험입니다. 예를 들어, 우리가 죄를 깨닫고 진심으로 회개하는 것은 그리스도의 심판대 앞에서 자신의 마음과 삶을 검토받는 순간과 같습니다. 또한 우리가 일상 속에서 하나님께 순종하고, 사랑을 실천하며, 어려움 속에서도 믿음을 지켜 나가는 그 모든 순간이 하나님의 심판대에서 상과 징계를 경험하며 성화되어 가는 과정과 동일한 의미를 지닙니다.

이처럼 우리의 선택과 행동은 하나하나 평가됩니다. 그 기준은 심판대입니다. 이 사실을 깨달을 때, 우리는 변화됩니다. 매일 주님의 은혜 안에 머뭅니다. 성령 안에서 믿음으로 사랑을 실천하게 됩니다. 우리는 하나님과 동행합니다. 날마다 더 거룩해집니다. 이것이 살아 있는 영적 여정입니다.

5) 믿음은 어디에서 오는가

우리가 마지막 심판과 상급을 이야기할 때, 반드시 짚고 넘어가야 할 것이 있습니다. 바로 믿음입니다. 심판은 불신앙 위에 임하고, 상급은 예수 그리스도의 믿음 위에 세워지기 때문입니다. 많은 사람들이 믿음을 자신의 결단이나 열심으로 이해하지만, 성경은 전혀 다르게 말합니다. 믿음은 인간이 만들어 내는 것이 아니라, 전적으로 하나님이 주시는 선물입니다.

"아버지께서 이끌지 아니하시면 아무도 내게 올 수 없다"(요 6:44).
"너희는 그 은혜에 의하여 믿음으로 말미암아 구원을 받았으니 이것은 너희에게서 난 것이 아니요 하나님의 선물이라"(엡 2:8).

즉 믿음은 하나님이 우리 마음에 심어 주시는 은혜입니다. 성령의 조명이 없으면 복음을 아무리 들어도 믿음으로 연결되지 않습니다. 그리고 믿음은 한 번만 생기는 것이 아니라, 날마다 성령 안에서 말씀을 레마로 받고 자라고 성숙해 갑니다.

"두렵고 떨림으로 너희 구원을 이루라. 너희 안에서 행하시는 이는 하나님이시니…"(빌 2:12-13).

믿음에는 두 가지가 있습니다. 성령으로부터 오는 참된 믿음과 자기 신념으로 믿는 거짓 믿음이 있습니다. 예수님을 믿는다는 것은 단순히 그분의 존재를 인정하는 것이 아니라, 인생의 주인이 바뀌는 것을 의미합니다. 내가 주인의 자리에서 내려오고, 예수님을 왕좌에 모셔 그분의 다스림을 받는 것입니다.

참된 믿음은 성령께서 말씀과 은혜를 통해 우리 마음에 심어 주시는 믿음입니다. 그것은 인간의 노력이나 의지로 만들어지는 것이 아니라, 하나님 중심·성령 중심으로 자라나는 믿음입니다. 이 믿음은 인간의 능력이나 판단에 의존하지 않고, 오직 십자가와 복음의 능력을 신뢰합니다.

진짜 믿음의 사람은 날마다 말씀을 붙들고, 성령의 인도하심에 순종하며, 회개를 통해 하나님 앞에 자신을 새롭게 합니다. 그렇게 살아가는 삶이 곧 믿음의 성장이자 성화의 여정입니다. 하나님을 신뢰한다는 것은, 하나님의 뜻이 내 삶에 이루어지는 것을 받아들이는 것입니다. 하나님이 내 인생에 어떤 결론을 내리시든, 그분의 선하심을 끝까지 믿는 것입니다.

따라서 진짜 믿음이란, 하나님의 통치를 받으며 전적으로 하나님을 신뢰하고 내 인생 전체를 맡기는 것입니다. 그것이 바로 예수 그리스도를 주로 고백하는 삶이며, 성령께서 역사하시는 살아 있는 믿음입니다.

반대로 가짜 믿음, 곧 자기 신념에 기반한 믿음은 철저히 인간 중심적이며, 인간적 결단과 종교적 열심으로 만들어진 믿음입니다. 겉으로는 경건하고 신앙이 깊은 것처럼 보일 수 있으나, 그 뿌리는 자기 의와 자기 만족에 놓여 있습니다.

처음에 머릿속에 주입된 신학 지식이나 종교적 관념을 절대적으로 옳다고 여기는 사람은, 성령이 깨닫게 하시는 진리의 본질이 드러나도 도무지

　　　　　　　　　　　　　　　　그리스도의 심판대와 성화

받아들이려 하지 않습니다. 완고한 마음이 사탄에게 사로잡혀 있기 때문입니다. 자신이 가진 지식이 진리라고 확신한 나머지 심판의 진리도 완강하게 거부합니다. 이러한 사람은 성경의 문자만 붙잡고, 그 속에 감추어진 하나님의 지혜와 뜻, 전체적으로 연결된 진리를 이해하지 못합니다. 예수 그리스도 안에 감추어진 지혜와 지식의 보화를 알지 못한 채(골 2:3), 자신이 성령을 훼방하고 있다는 사실도 깨닫지 못하고 살아갑니다. 이유는 성령께서 말씀하시는 음성을 들을 영의 귀가 막히고, 진리이신 예수 그리스도를 볼 영의 눈이 감겨 있기 때문입니다.

예수님께서 책망하신 외식하는 바리새인의 모습이 오늘날 교회 안에도 여전히 많은 이유가 바로 여기에 있습니다. 그들 중 일부는 은사주의적 현상이나 기적에 쉽게 흔들리며, 사탄의 미혹에 휘둘리기도 합니다. 왜냐하면 하나님과의 깊은 연합 즉 성령 안에서 그리스도와의 실제적인 관계가 없기 때문입니다.

결국 이런 믿음은 마지막 심판 앞에서 열매 없는 믿음으로 드러나게 됩니다. 자기 신념의 믿음은 인간적 열심은 있을지 몰라도, 생명의 열매를 맺지 못합니다. 진짜 믿음의 증거는 외형이 아니라, 성령 안에서 자라나는 거룩과 아가페 사랑의 열매입니다.

"사랑이 없으면 아무것도 아니다"(고전 13:1-3).

진짜 믿음은 하나님이 주시는 은혜로 살아 움직이고 성장하지만, 자기 신념은 인간 중심적 신앙으로 외형은 화려해도 결국 시험과 심판 앞에서 드러납니다. 성경은 기적이 믿음을 보장하지 않는다고 말씀합니다. 예수님 시대에도 많은 사람이 기적을 보았지만, 외식하는 바리새인과 대제사장은 믿지 않았습니다. 기적은 잠시 놀라게 할 뿐 참된 믿음을 만들지 못합니다. 참된 표적은 예수 그리스도의 십자가와 부활입니다. 기적은 우리가 그 길로 나아가 회개하고 순종하도록 안내하는 표시입니다.

또한 우리가 두려워해야 할 것은 믿음이 없는 것보다 진리를 사랑하지 않는 것입니다. "진리를 사랑하지 아니하는 자에게는 하나님께서 미혹하게 하시느니라"(살후 2:10-11). 진리를 사랑하지 않으면 진짜 믿음을 붙들지 못하고 자기 신념 같은 가짜 믿음이나 사탄의 미혹에 쉽게 빠질 수 있습니다. 믿음은 기적에서 오는 것이 아니라 말씀을 듣고 순종할 때 자랍니다.

"믿음은 들음에서 나며, 들음은 그리스도의 말씀으로 말미암는다"(롬 10:17).

이 말씀은 문자(로고스)가 아니라, 성령께서 조명하시는 살아 있는 말씀(레마)입니다. 성경을 소리 내어 읽고 묵상하며 회개할 때, 말씀은 우리 안에서 살아 움직이는 하나님의 음성이 됩니다. 그리고 진짜 성령의 믿음으로 순종하며 살아갈 때, 믿음은 점점 자라고 깊어집니다.

믿음은 우리가 스스로 만드는 것이 아닙니다. 하나님께서 말씀과 성령을 통해 주시는 은혜의 선물입니다. 우리는 성령 안에서 어린아이같이 순수한 마음으로 말씀을 믿고 순종해야 합니다. 이 믿음이 마지막 심판대에서 우

그리스도의 심판대와 성화

리를 지켜 줍니다. 또 주님의 나라에서 상급을 누리게 하는 기초가 됩니다.

심판대는 구원을 결정하는 자리가 아닙니다. 이미 믿음으로 구원받은 성도는 심판대에서 불리해지지 않습니다. 하지만 우리의 모든 행위, 마음의 동기, 순종과 열매는 평가받습니다. 진짜 믿음으로 살아가는 삶만이 상급과 기쁨으로 연결됩니다.

결국 마지막 날 주님 앞에 설 때 필요한 것은 살아 있는 믿음의 열매입니다. 하나님이 주신 믿음을 말씀과 성령 안에서 순종으로 응답할 때, 그 믿음이 우리의 상급이 됩니다. 진짜 믿음은 말이 아니라 삶으로 드러나는 예배입니다.

4. 영적 잠에서 깨어남과 중보적 희생

1) 영의 잠과 회복

"이 세대를 무엇으로 비유할까 비유하건대 아이들이 장터에 앉아 제 동무를 불러 이르되 우리가 너희를 향하여 피리를 불어도 너희가 춤추지 않고 우리가 슬피 울어도 너희가 가슴을 치지 아니하였다 함과 같도다"(마 11:16-17).

예수님은 이 비유를 통해 마지막 시대 성도들의 영적 무감각을 지적하십니다. 하나님 나라의 기쁜 소식(피리 소리)이 들려와도 반응하지 않고, 회개의 경고와 슬픔의 메시지를 들어도 마음이 움직이지 않습니다. 이것이 곧 영이 잠든 상태입니다.

우리가 세상과 구별되게 살지 못하면 영은 점점 둔해집니다. 세상과 마귀로부터 오는 유혹이 있습니다. 육신의 정욕, 안목의 정욕, 이생의 자랑이라는 선악과를 먹으면 세상의 가치관과 즐거움에 빠지게 됩니다. 그러면 영은 점차 무감각해집니다. 말씀의 경고에도 반응하지 않게 됩니다. 결국 영적 마비 상태에 이르게 됩니다.

다윗은 이를 알기에 이렇게 기도합니다.

"나의 눈을 밝히소서 두렵건대 내가 사망의 잠을 잘까 하오며"(시 13:3),
"주께서 나의 등불을 켜심이여 여호와 내 하나님이 내 흑암을 밝히시 여기서 눈은 육안이 아니라 영적 인식과 양심을 의미합니다. 죄와 세상의 어둠 속에서는 영적 눈이 어두워지고, 결국 사망의 잠에 빠질 수밖에 없다는 것입니다. 그러나 하나님께서 등불을 켜시고 눈을 밝혀 주실 때 영혼은 다시 살아납니다. 그렇다면 어떻게 우리의 눈이 밝아질까요?

"여호와의 율법은 완전하여 영혼을 소성시키며 여호와의 증거는 확실하여 우둔한 자를 지혜롭게 하며, 여호와의 교훈은 정직하여 마음을 기쁘게 하고 여호와의 계명은 순결하여 눈을 밝게 하시도다"(시 19:7-8).

여기서 율법과 증거, 교훈과 계명은 각각 하나님의 말씀의 속성을 달리 표현한 것입니다. 즉 말씀은 영혼을 소성시키는 생명이요, 지혜를 주는 빛이며, 마음을 기쁘게 하는 기름이고, 눈을 밝히는 등불입니다.

따라서 영이 회복되려면 반드시 말씀을 소리 내어 읽고, 기름을 채워 불을 밝혀야 합니다. 성령께서 역사하실 때 말씀은 단순한 문자로 머무르지 않고 살아 있는 레마의 말씀이 되어 회개의 불을 일으키며, 잠든 영을 깨워 일으킵니다.

바울도 "잠자는 자여 깨어서 죽은 자들 가운데서 일어나라. 그리스도께서 너에게 비추이시리라"(엡 5:14)고 증언합니다. 이 말씀에서 '잠자는 자'란 영적으로 죽은 자들과 같은 상태에 빠진 사람을 의미합니다. 영적 잠은 단지 무기력한 상태가 아니라, 세상의 정욕과 쾌락에 빠져 하나님과의 교제가 끊어진 상태를 말합니다. 속사람이 세상의 유혹에 마음을 빼앗기면 회개를 멀리하고 점점 하나님으로부터 멀어집니다. 야고보서 4장 4절은 이렇게 경고합니다.

이 말씀은 단순히 세상과의 관계를 말하는 것이 아니라, 영적 간음 곧 하나님이 아닌 다른 것에 마음을 빼앗긴 상태를 지적하는 것입니다. 세상과 벗하는 것은 세상의 가치관과 욕망에 동조하는 것입니다. 이것은 하나님과의 친밀한 관계를 깨뜨리는 행위입니다. 반대로 하나님과 벗이 되면 세상의 영 곧 마귀와는 원수가 됩니다.

그러나 은혜의 복음은 여기서 끝나지 않습니다. 세상 정욕에 빠져 영이 죽은 자들과 함께 살던 우리도 하나님의 은혜로 그리스도의 빛이 비추어질 때 다시 살아나 새 생명을 얻게 됩니다. 그리스도의 빛이 우리의 영혼 깊은 곳을 비추어주실 때, 잠들었던 영이 깨어나고 마음이 회개로 반응하며, 다시 하나님과의 사랑의 교제가 회복됩니다.

결국 야고보서 4장 4절의 핵심은 "하나님께 가까이 나아가라"는 초청입니다. 우리 마음이 세상과 멀어질수록 하나님께 더 가까워지고, 그리스도의 빛 안에서 참된 생명과 기쁨을 누리게 됩니다.

이처럼 하나님과의 친밀함은 말씀과 입술의 고백을 통해 깊어집니다. 잠언 18장 21절은 "죽고 사는 것이 혀의 권세에 달렸나니"라고 말씀합니다. 우리가 말씀을 믿고 입술로 선포할 때, 성령께서 그 말씀 위에 역사하십니다.

하나님께서 천지를 말씀으로 창조하셨듯이, 거듭난 자의 입술에도 창조의 권세가 있습니다. 믿음으로 말씀을 선포할 때 성령께서 회개의 영을 부어주시고, 우리의 내면을 거룩하게 변화시키십니다.

결론적으로 영이 회복되는 길은 말씀과 회개에 있습니다. 우리가 성경을 소리 내어 읽을 때, 그 말씀은 하나님의 음성이 되어 우리의 영혼에 울립니다. 그 음성을 믿음으로 받아들이고, 드러나는 죄마다 회개로 반응할 때 성령께서 우리 안에 생명의 기운을 불어넣으십니다. 성령님은 잠든 영을 깨우고, 굳어진 마음을 부드럽게 하며, 우리의 생각과 행실을 하나님의 빛 가운데로 인도하십니다.

2) 영적 감각의 회복

"단단한 음식은 장성한 자의 것이니 그들은 지각을 사용함으로 연단을 받아 선악을 분별하는 자들이니라"(히 5:14).

이 말씀에서 '지각'은 영의 감각기관을 의미합니다. 육체에 오감이 있듯이 영에도 오감이 있습니다. 육은 영을 반영합니다. 그래서 바울은 "육의 몸이 있은즉 또 영의 몸도 있느니라"고 증언했습니다. 말씀의 빛을 받고 회개하면 마음의 눈이 밝아지고, 지각을 사용하여 선악을 분별하게 됩니다. 지각을 사용한다는 것은 말씀을 기준으로 영적인 것을 느끼고 감지하며,

훈련된 양심으로 선악을 분별하는 것을 의미합니다.

연단은 이 지각을 통해 이루어집니다. 말씀의 빛을 받고 영의 감각기관을 사용하며 훈련받을 때, 영적 통찰력과 분별력이 성장합니다. 연단받은 자만이 마귀의 유혹을 분별할 수 있으며, 지속적인 연단과 말씀 안에서 성화의 길을 걸어갑니다. 성령으로 죄와 정욕을 회개하며 말씀을 경험할수록 영의 감각기관은 더욱 예민해집니다. 분별력은 더욱 깊어지며 성화되어 갑니다.

예수님을 믿고 거듭나더라도 영의 감각기관은 자동으로 살아나지 않습니다. 성령 안에서 깨어 기도하고 말씀에 순종하며 믿음으로 반응할 때 영의 감각기관이 살아납니다. 모든 감각기관이 깨어나야 내면에서 말씀으로 그리스도의 형상이 세워지고, 언행과 삶에서 그리스도의 인격이 나타납니다. 연단은 마음의 눈을 밝히어 진리를 바르게 깨닫고 분별하게 하며, 하나님을 온전히 의지하게 합니다.

영의 감각이 죽으면 성령의 음성을 듣지 못하고, 세상 정욕을 달콤하게 여기게 됩니다. 이는 마치 감각을 잃은 환자와 같습니다(엡 4:19). 그러나 말씀과 회개로 영의 감각이 회복되면 성령의 임재를 느끼고, 죄와 마귀를 분별하며, 정욕을 이길 힘을 얻게 됩니다. 성령께서는 연단을 통해 영의 감각을 살리시고, 주님의 형상과 인격으로 우리를 빚으십니다.

영의 감각기관이 살아나지 않으면 연단을 온전히 받을 수 없습니다. 영의 눈, 코, 입, 귀, 촉각이 마비되면 불같은 고난을 지나도 깨닫지 못하고, 회개할 수도 없습니다. 그러나 지각이 살아나 선악을 분별하게 되면 영의 오감이 발달합니다. 주님을 경험적으로 더욱 깊이 알게 됩니다. 고난의 시간을 지나며 말씀을 간절히 붙잡고 기도할 때, 하나님의 음성을 다양한 방식으로 듣고 깨닫게 됩니다. 연단은 영의 시각, 청각, 후각, 미각, 촉각을 살리고 예민하게 훈련하는 기회입니다.

먼저 영의 귀는 하나님의 음성을 듣고 성령의 인도하심을 따르는 기능입니다. 세상 욕심을 내려놓고 주님께 집중할 때, 하나님의 세미한 음성을 들을 수 있습니다. 또한 사람의 말을 들을 때 어떤 영의 기운이 흐르는지 분별합니다. 삶의 다양한 것을 통로로 말씀하시는 성령의 음성에 민감하게 반응합니다. 고난과 시련 속에서 말씀 한 절이 살아 있는 것처럼 깊은 위로로 다가오기도 합니다. 이는 연단 중에 말씀을 더 굳게 붙잡고 주님께 마음을 집중하기 때문입니다.

영의 코는 하나님께 기도를 올리고 주의 향기를 맡는 감각이며, 영적 분위기와 상태를 분별하게 합니다. 성령으로 사는 사람은 그리스도의 향기를 풍기고, 죄와 정욕에 사로잡힌 사람은 영적으로 어두운 냄새를 풍깁니다. 실제로 음란과 정욕에 빠진 사람에게서 담배 냄새나 시체 썩는 냄새 같은 악취를 맡을 때도 있습니다. 이것은 영의 코로 맡는 냄새입니다. 영혼이 사탄에게 속하면 죄의 악취를 풍기고, 예수님께 속하면 예수 그리스도의 향기를 풍깁니다.

영의 입은 하나님의 말씀을 맛보고 선포하는 기능입니다. 속사람이 연단을 받으면 말씀을 꿀송이처럼 달게 체험하며, 성령으로 말하고 말씀을 선포하게 됩니다(벧전 2:3, 시 34:8). 말씀을 맛본다는 것은 머리로 아는 지식이 아니라 체험적 앎을 의미합니다. 예를 들어 "하나님은 나의 공급자이시다" 라는 말씀을 경제적 어려움 속에서 믿음으로 붙잡고 기도할 때, 하나님이 실제로 필요를 채우시는 경험을 하는 것이 바로 말씀을 맛보는 것입니다. 성령의 임재 속에서 말씀을 받아 선포할 때 삶은 변화됩니다(삼하 23:2).

영의 촉각은 성령의 임재와 능력을 체험하는 감각입니다. 하나님의 임재를 피부로 느끼고, 악한 영들의 움직임을 감지하며 다양한 영적 현상을 경험합니다. 예수님을 믿고 성령을 받으면, 가장 먼저 깨어나는 감각은 '영의 귀'입니다. 발성 기도와 찬양, 그리고 성경을 소리 내어 읽을 때 몸의 감각도 함께 살아나 영적인 것을 느끼고 알게 됩니다.

마지막으로 영의 눈과 마음의 눈이 있습니다. 우리는 영의 눈과 마음의 눈을 구별할 필요가 있습니다. 영의 눈은 하나님께서 특별히 열어 주실 때 경험하게 되는 차원으로, 영적 실체나 환상을 실제처럼 보는 경우를 말합니다. 예를 들어 엘리사의 사환이 두려워할 때 하나님께서 그의 눈을 열어 불말과 불병거를 보게 하신 사건이 있습니다(왕하 6:17). 이처럼 영의 눈은 우리의 영적 성숙도와 상관없이, 하나님이 허락하시면 언제든 열릴 수 있습니다. 그러나 영의 눈만 열린 상태는 위험할 수 있습니다. 사탄도 하나님을 흉내 내어 거짓된 환상이나 음성을 보여줄 수 있기 때문입니다(고후 11:14).

따라서 영안으로 보는 것보다 더 중요한 것은 마음의 눈이 열려 말씀의 본질을 깨닫고 진리로 무장하는 것입니다. 진정한 변화는 체험이 아니라, 말씀이 속사람을 변화시켜 주님과의 관계를 새롭게 할 때 일어납니다. 마음의 눈은 영의 눈과 다릅니다. 마음의 눈은 진리의 본질과 말씀의 깊이를 깨닫게 하는 눈입니다. 마음의 눈은 이렇게 열립니다. 먼저 율법적인 신앙을 회개합니다. 그다음 주님을 삶의 주인으로 모십니다. 마지막으로 자신의 모든 것을 포기하고 맡길 때 열립니다.

이때 일어나는 변화는 영적 전환점입니다. 마음의 눈이 열리는 순간, 이전에는 아무리 들어도 이해되지 않던 성경 말씀의 본질이 마음으로 알아지는 체험을 하게 됩니다. 이것은 말씀의 의미가 영혼 깊은 곳에 비추어지는 하나님의 빛으로 깨달아지는 은혜의 순간입니다(벧후 1:19-21).

이러한 체험은 삶의 방향을 완전히 바꿉니다. 율법적인 신앙에서 복음적 신앙으로, 지식에서 관계로, 형식에서 생명으로 옮겨지는 내적 부흥이 바로 이때 일어납니다. 성령님께서 가르쳐 주신 말씀은 자연스럽게 믿어지고 순종으로 이어지는 은혜를 낳습니다. 이 단계에서는 성령께서 내 안에서 실제로 역사하셔서, 내 마음과 생각을 깊이 다루십니다. 그동안 내 뜻과 감정대로 살던 자아가 점점 꺾이고, 주님의 뜻에 순종하려는 마음이 자연스럽게 생깁니다. 이전에 붙잡고 있던 욕심이나 자기 의를 내려놓게 되고, 말씀 앞에서 자신의 연약함을 인정하며 회개하게 됩니다. 이렇게 성령의 인도하심을 따르면서, 자아가 서서히 죽고 주님이 내 삶의 중심이 되는 변화를 경험하게 됩니다.

이스라엘의 12 정탐꾼이 40일 동안 가나안 땅을 살피며 체험한 사건, 존 번연의 『천로역정』에서 주인공이 십자가 언덕에서 죄의 짐을 벗는 장면, 그리고 모세가 40일 동안 시내산에서 십계명을 받은 경험은 모두 마음의 눈이 열리는 은혜의 상징입니다.

하나님께서 마음의 눈을 여시는 때는, 우리가 모든 소유권을 그분께 드리고, 주님을 인생의 주인으로 온전히 모실 때입니다. 예수님께서 "마음이 청결한 자는 복이 있나니 그들이 하나님을 볼 것임이요"(마 5:8)라고 말씀하신 것처럼, 마음이 깨끗해야만 말씀 속에 감추어진 예수 그리스도의 보화를 발견할 수 있습니다(골 2:3).

마음의 눈이 열리면 진리의 본질을 올바로 깨닫고 그 말씀에 즉시 순종하게 됩니다. 또한 세상 속에 역사하는 어둠의 영을 분별하게 되어, 자연스럽게 죄와 세상으로부터 구별된 거룩한 삶을 살게 됩니다. 이것이 바로 마음의 눈이 열릴 때 주어지는 가장 큰 은혜이자 축복입니다.

하나님께 택함을 받아 마음의 눈이 열린 자는 더 이상 마귀의 속임수에 미혹되지 않습니다. 오히려 주님이 정하신 믿음의 길을 분별하며 담대히 걸어갑니다. 마음의 눈이 열린 사람은 하나님의 시선으로 세상을 바라보며, 진리 안에서 살아가는 참된 자유를 누리게 됩니다.

이와 같이 영의 오감이 깨어나고 발전할수록 순전한 믿음으로 성화되어 갑니다. 날마다 성령 안에서 말씀을 소리 내어 읽고 묵상하며 믿음으로 반응할 때 감각은 깨어나고 예민해집니다. 반대로 죄를 반복하고 회개하지 않으면 마음이 돌처럼 굳어, 죄와 어둠이 주는 통증을 느끼지 못하게 됩니다. 그 결과 욕망에 자신을 맡기고 죄를 거리낌 없이 행하게 되며, 영과 육이 더럽혀집니다(엡 4:19). 끝까지 회개하지 않으면 결국 하나님과 영원히 분리되는 결과를 맞이할 수 있습니다.

예수님을 믿는다고 하더라도 본성대로 행하며 영적 감각이 무뎌지고 죄를 죄로 여기지 않는다면, 이는 하나님의 생명으로부터 멀어지고 있다는 신호입니다. 만약 영의 감각이 무뎌져 회개조차 되지 않는 상태라면, 매일 성경을 소리 내어 많이 읽는 가운데 주님께 마음을 숨김없이 아뢰는 기도부터 시작하는 것이 좋습니다.

3) 십자가와 중보적 희생

주님은 십자가에서 우리의 모든 죄와 연약함을 담당하셨습니다(사 53:5-6).

우리가 겪는 짐과 고통은 십자가 안에서 주님께 맡길 때 처리됩니다. 바울처럼(고후 12:9-10) 십자가를 사랑하고 받아들일 때, 하나님의 능력이 강하게 나타납니다.

영이 잠들면 성령의 역사도, 영의 감각도 약해지거나 사라질 수 있습니다. 그러나 말씀을 소리 내어 읽고 믿음으로 회개할 때, 영은 다시 살아납니다. 혀의 권세로 말씀을 선포하며 죄와 모든 짐을 주님께 맡기면 하나님의 평강이 임합니다. 영 전이의 고통조차 중보적 희생으로 변하여, 십자가와 부활의 능력을 경험하게 됩니다.

우리는 때때로 다른 사람이나 환경으로부터 오는 어둠의 짐을 감당하게 됩니다. 내 죄가 깨끗이 해결된 상태라면, 주님께서 그 짐을 가볍게 처리해 주십니다. 그러나 내 죄가 해결되지 않은 상태라면, 고통이 오래 지속되고 회개와 징계가 함께 주어집니다. 따라서 영 전이를 받을 때는 먼저 자신의 죄를 회개하고 그 짐을 주님께 올려드려야 합니다(시 68:19). 그럴 때 영 전이 현상은 믿음의 성장과 상급이 됩니다.

저는 오랫동안 신앙생활을 하면서도 안식을 누리지 못하고 영적으로 무거운 짐을 지고 살았습니다. 매일 말씀을 소리 내어 읽고 기도했지만, 여전히 사망의 짐 때문에 영과 육이 눌려 기쁨과 자유를 잃었습니다. 많은 세월이 흐른 뒤, 회개의 은혜를 받고서야 제가 율법의 저주 아래 잘못 살았음을 깨달았습니다. 성령의 조명 아래 십자가를 새롭게 깨닫고, 주님께서 이미 나의 모든 죄와 연약함을 담당하셨다는 사실을 믿음으로 붙잡게 되었습니다(사 53:5-6).

"수고하고 무거운 짐 진 자들아 다 내게로 오라 내가 너희를 쉬게 하리라"(마 11:28). 이 말씀은 제 삶 속에서 실제가 되었습니다. 제가 짊어진 죄와 고통, 사망의 짐을 주님께 맡길 때마다 무겁던 짐이 풀어지고, 하나님의 평안이 임했습니다. 하지만 한 번의 사건으로 끝나지 않았습니다. 일시적인 은혜 뒤에는 다시 영 전이로 인한 고통이 찾아왔고, 그때마다 받은 짐을 주님께 내려놓으며 쉼을 얻었습니다. 영 전이 현상은 이렇게 제 삶의 자연스러운 일부가 되었습니다.

영 전이가 너무 고통스러워, 때로는 피하고 싶은 마음이 수도 없이 들곤 했습니다. 주님의 십자가 은혜를 붙들고 중보적 희생을 감당하다가도, 영력이 약해질 때는 피하고 싶은 마음으로 수십 년을 살아왔습니다. 이 과정에서 저와 같은 영 전이의 고통을 호소하는 목회자들과 성도들을 많이 만났습니다.

영 전이의 고통을 겪으며 깨달은 것은, 하나님께서 허락하신 짐을 감사함으로 받으면 주님께서 친히 가볍게 처리해 주신다는 것입니다. 반대로 두려움 속에서 십자가를 피하려고 하면 오히려 짐은 더 무겁고 힘겨웠습니다. 결국 저는 이 땅에서 영 전이를 피할 수 없음을 인정하고, 모든 것을 주님의 손에 내려놓게 되었습니다.

바울은 "너희가 짐을 서로 지라 그리하여 그리스도의 법을 성취하라"(갈 6:2)고 증언했습니다. 주님은 우리가 혼자 짐을 지고 가는 것이 아니라, 서로 나누며 감당하라고 하십니다. 그러나 우리의 본성은 이기적이기에 무조건적인 희생을 싫어합니다. 그래서 하나님께서는 택하신 자들 각자에게 꼭 맞는 십자가를 지워주십니다.

우리는 하나님이 허락하신 십자가와 더불어, 죄와 육신의 문제로 인해 정신적·육체적·환경적 짐을 지고 살아갑니다. 그러나 육적인 짐보다 더 무거운 것은 죄의 짐입니다. 죄 자체가 무겁다기보다 죄 속에서 역사하는

 그리스도의 심판대와 성화

악한 영들이 억누르고 고통을 주기 때문입니다.

서로 짐을 진다는 것은 영적으로 강한 자가 약한 자의 짐(어둠의 영)을 받아주고 함께 짊어지는 중보를 의미합니다. 문제를 틈타 역사하는 마귀가 떠나면, 짐은 훨씬 가벼워집니다. 예수님께서 십자가에서 우리의 죄를 해결하신 것처럼, 우리도 믿음의 형제들의 짐을 함께 지며 예수님의 사랑의 법을 이루어야 합니다. 하나님이 허락한 영혼들의 짐(영전이)을 받아주어 그리스도께로 인도하는 것보다 더 큰 사랑은 없습니다.

그러나 우리가 모든 사람의 짐을 다 받아주어야 하는 것은 아닙니다. 예수님께서도 외식하는 바리새인들의 짐은 받아주시지 않고 피하셨습니다. 우리 역시 회개하며 예수님께 나아오는 사람들의 짐은 함께 져 주어야 하지만, 세상 정욕에 빠져 회개하지 않고 하나님을 멀리하는 사람들의 짐은 지혜롭게 피하는 것이 좋습니다.

마음을 무분별하게 열고 말을 많이 하다 보면, 상대의 어둠이 자석처럼 우리에게 빨려 들어올 수 있습니다. 그 순간 상대는 일시적으로 평안을 경험할 수 있으나, 짐을 받은 사람은 마귀의 공격으로 인해 큰 고통을 겪습니다. 문제는 짐을 받아주어 봤자 잠깐의 평안을 맛보고 다시 예전 습관대로 죄를 반복한다는 점입니다. 그러므로 회개의 자리로 나아오지 않은 이들의 짐은 지혜롭게 피하는 것이 좋습니다. 그러나 환난과 어려움을 통해 그들의 마음이 낮아져 회개할 준비가 되었을 때는 그 짐을 함께 지며 주님께로 인도해야 합니다.

저는 예수님의 생명을 흘려보내며 상대의 어둠을 받아 처리해 주는 그 자리가 바로, 자기를 부인하고 십자가를 지는 삶임을 깨달았습니다. "아무든지 나를 따라오려거든 자기를 부인하고 자기 십자가를 지고 나를 좇을 것이니라"(마 16:24). 이 말씀은 실제적인 체험을 통해 제 삶에서 진리가 되었습니다. 나의 존재 전체를 포기하고 주님께 내어드려 내 안에 그리스도만이 사시게 될 때, 짐 받는 것으로부터 자유할 수 있습니다.

우리가 이웃의 짐(영)을 대신 져주는 그 희생은 결코 헛되지 않고, 오히려 하나님의 은혜가 흘러가는 통로가 됩니다. 그 과정을 통해 성령님은 우리를 점점 예수님 같은 사람으로 만들어 가십니다.

영의 세계는 참으로 신비합니다. 사람들과 통화하거나 문자를 주고받을 때도 영 전이 현상이 나타납니다. 누군가를 생각하며 기도할 때도 상대의 영 상태가 느껴집니다. 직접 만나 대화할 때는 영 전이 현상이 더 강하게 나타납니다.

예를 들어, 상대의 정신적 부분이 느껴지거나 몸으로 두통, 복부 팽만, 눈의 흐려짐, 심장 통증, 기침, 콧물, 코막힘, 몸의 떨림, 불안과 쫓김, 목 따가움과 열감 등 그 외에도 아주 다양한 증상이 일시적으로 나타났다가 사라집니다. 물론 이런 현상은 사람마다 다르게 나타납니다.

저는 영 전이 현상을 모르는 상대에게 불편을 끼치지 않기 위해, 겉으로 내색하지 않고 마음으로 기도하며 주님께 그 짐을 올려 드립니다. 놀라운 것은, 그렇게 기도로 올려 드리면 상대에게서 받은 어둠의 현상이 즉시 사라집니다. 또한 상대 역시 컨디션이 회복되며 은혜를 받았다고 고백하는 경우가 많습니다. 이는 주님께서 실제로 우리의 짐을 대신 지시며, 중보를 통해 역사하신다는 증거입니다.

결국 영 전이는 고통스러운 짐이 아니라, 그리스도의 생명이 흘러가는 통로임을 깨달았습니다(고후 4:12). 내가 부인되고 주님의 십자가가 드러나는 순간, 주의 생명이 나를 통해 흘러가며 다른 영혼들이 회복됩니다. 동시에 나 자신도 더 깊이 주님의 생명에 접붙여지는 은혜를 누리게 됩니다.

"날마다 우리 짐을 지시는 주 곧 우리의 구원이신 하나님을 찬송할지
로다"(시 68:19).

이 말씀은 제 삶 속에서 실제가 되었습니다. 제힘으로는 도저히 감당할
수 없는 무거운 짐들을 주님 앞에 내려놓고 이 말씀을 선포할 때마다, 놀랍
게도 얼마 지나지 않아 영전이 현상이 가볍게 해결되는 것을 경험합니다.

또한 어둠의 영전이로 여러 가지 고통스러운 현상이 나타날 때마다 제가
사용하는 몇 가지 방법이 있습니다. 성경을 소리 내어 읽는 것, 방언으로
기도하고 영으로 찬양하는 것, 그리고 "예수죽음 내죽음, 예수부활 내부활"
을 선포하며 받은 짐을 주님께 올려드리는 것입니다. 그렇게 할 때 주님은
즉시 문제를 풀어주셨고, 때로는 일정 기간 고난을 허락하시며 영적인 교
훈을 가르쳐 주시기도 했습니다.

매일 영전이 현상이라는 십자가를 지고 살면서 제가 얻은 유익은, 제 안
에서 세상의 달콤하고 정욕적인 것들이 분리되었습니다. 그리고 주님의
사랑을 깊이 갈망하며, 자아가 죽어 나가는 은혜를 경험하고 있습니다.

저는 한때 영전이로 인한 고통을 경험하며 절망했지만, 이제는 그것이
주님의 십자가와 부활의 능력을 경험하는 은혜의 통로임을 고백합니다.
바울의 고백처럼, "내가 약한 그 때에 곧 강함이라"(고후 12:10)는 말씀이 제
삶에서도 이루어졌습니다. 영전이 현상으로 나타나는 다양한 고통을 두려
워하지 않고, 주님이 능력을 나타내실 기회로 여기며 감사할 수 있게 되었
습니다. 이제 저는 깨닫습니다. 살아 있는 신앙은 날마다 자기를 부인하고

자기 십자가를 지고 주님을 따라가는 삶이며, 영의 감각이 깨어 있어야 주님의 다시 오심을 준비할 수 있다는 것을요.

오늘도 저는 성령 안에서 말씀을 소리 내어 읽고, 주님과 교제하며 날마다 십자가 앞에 제 짐을 내려놓습니다. 그때마다 주님께서 가볍게 처리해 주시고, 제 영혼에 쉼을 주십니다. 날마다 나의 모든 짐을 지시는 주님을 찬양합니다.

"네 짐을 여호와께 맡기라 그가 너를 붙드시고 의인의 요동함을 영원히 허락하지 아니하시리로다"(시 55:22).

그리스도의 심판대와 성화

3부

광야 연단과
성화의 과정

1. 광야 연단의 의미와 영적 훈련

광야 연단과 훈련은 모두 하나님께서 우리를 다루시고 성숙하게 하시는 과정이지만, 그 초점과 목적에는 차이가 있습니다. 광야 연단은 내면의 변화를 중심으로 진행됩니다. 하나님께서 우리 안의 자아, 교만, 불신, 탐심 등을 드러내고 깨뜨리시는 과정으로, 마음의 불순물을 제거하는 영적 정화의 시간입니다. 연단의 목적은 나를 죽이고 그리스도의 성품으로 빚으시는 것입니다.

반면 광야 훈련은 사역과 사명의 준비에 초점이 맞춰집니다. 연단이 내면을 다듬는 과정이라면, 훈련은 하나님께서 주신 사역을 감당할 수 있도록 능력과 순종을 준비시키는 과정입니다. 내적으로 연단을 받은 후, 외적으로는 사명을 감당할 수 있도록 하나님께서 체계적으로 훈련시키십니다. 그 목적은 하나님의 나라를 위해 일할 수 있는 사람으로 세우는 것입니다. 정리하면, 광야 연단은 하나님이 내면을 주님의 형상으로 다듬는 시간이라면, 훈련은 하나님이 나를 세워 주님의 사명을 감당하게 준비시키는 시간이라고 할 수 있습니다.

1) 광야 연단과 순종의 훈련

구원은 영이 새로워지는 것, 즉 거듭남으로 시작됩니다. 하지만 우리의 마음과 성품, 즉 혼은 여전히 죄와 탐심의 영향을 받습니다. 하나님은 우리를 연단의 자리로 인도하십니다. 우리는 그 자리에서 성령의 은혜로 자아를 드러내고 깨뜨리며, 정결하게 되어 오직 하나님만 바라보게 됩니다.

자아는 먼저 깨어짐을 경험한 뒤 죽음으로 나아갑니다. 자아가 깨어진다는 것은 자신의 연약함과 죄, 한계를 깨닫는 것을 의미합니다. 이때 회개의 눈물과 낮아짐의 열매가 나타나지만, 삶의 주권이 아직 완전히 하나님께 위임되었다고 보기는 어렵습니다. 시편 51:17에서 "하나님께서 구하시는 상한 심령"이 바로 이러한 깨어짐을 가리킵니다. 그러나 깨어짐에서 멈춰서는 안 됩니다. 자아가 완전히 죽어야 합니다. 자아의 죽음은 곧 내가 그리스도 중심으로 다시 태어나는 것을 의미합니다. 즉, 예수님이 내 삶의 주인이 되시는 상태입니다. 이제 주도권은 하나님께 있으며, 내가 사는 것이 아니라 그리스도께서 사시는 삶을 살게 됩니다.

광야는 고난과 시험, 질병과 억울함 등 다양한 모습으로 우리에게 찾아옵니다. 그러나 그 속에서 우리는 자아를 내려놓고, 드러난 죄를 회개하게 됩니다. 성령님은 우리를 하나님의 뜻에 합한 사람으로 변화시키시며, 끊임없이 다듬어 가십니다. 이러한 과정이 바로 '성화(聖化)의 여정'입니다. 성화는 단번에 이루어지는 변화가 아니라, 매일의 삶 속에서 점진적으로 그리스도를 닮아가는 긴 여정입니다.

연단은 성화의 과정에서 중요한 역할을 합니다. 연단은 단순한 고난이나 시련이 아니라, 하나님께서 우리의 내면을 비추시고 다듬으시는 과정입니다. 마치 거울이 우리의 모습을 비추듯, 연단은 내 안의 자아와 죄성을 보여 줍니다. 또한 금속이 불로 정련되듯, 하나님은 우리의 마음속 불순물 즉 교만, 탐심, 두려움, 자기중심적 욕망을 태우십니다.

결국 연단의 목적은 고통 자체가 아니라, 우리를 깨끗하게 하시고 하나님께 합당한 그릇으로 세우시는 사랑의 과정입니다. 성령님은 이 모든 과정에서 우리 곁에 계시며, 넘어질 때마다 일으켜 세우시고, 하나님의 뜻을 깨닫도록 인도하십니다.

"네 하나님 여호와께서 이 사십 년 동안에 너로 광야의 길을 걷게 하신 것을 기억하라. 이는 너를 낮추시며 너를 시험하사 네 마음이 어떠한지, 그 명령을 지키는지 아니 지키는지 알려 하심이라… 사람이 떡으로만 사는 것이 아니요 여호와의 입에서 나오는 모든 말씀으로 사는 줄을 너로 알게 하려 하심이니라"(신 8:2-3).

예수님께서 광야에서 사탄의 시험을 받으실 때, 말씀으로 응답하셨습니다. 이처럼 광야의 연단과 훈련은 믿음의 순종과 자아 죽음의 겸손을 완성하는 과정입니다. 이스라엘 백성은 약속의 땅에 바로 들어가지 않고 40년 동안 광야를 걸었습니다. 낮의 뜨거운 햇볕과 밤의 추위, 먹을 것과 물의 부족 속에서도 하나님만 의지했습니다. 이 경험은 광야의 길이 우리의 정체성과 믿음을 단단하게 다듬는 연단의 학교임을 보여줍니다.

　　　　　　　　　　　　　　　　　그리스도의 심판대와 성화

2) 광야의 구체적 체험

(1) 물질적 결핍의 광야

광야는 하나님께서 우리를 연단하고 훈련 시키시는 영적 학교입니다. 2015년, 하나님께서는 저를 합천 산골, 광야와 같은 곳으로 부르셨습니다. 교회와 살 집을 건축한 후, 하나님은 말씀 소리로 회개하는 법을 가르쳐 주셨습니다. 저는 그때부터 회개에 온전히 몰입했습니다.

물질이 충분히 준비되지 않은 상태에서 건축을 진행할 때도, 하나님은 놀라운 방식으로 필요한 것을 공급해 주셨습니다. 그러나 건축이 끝난 후에는 매월 사용할 만큼의 물질만 허락하셨습니다. 하나님께서는 당시 선교하는 분들을 정리하시고, 사람들에게 의존하거나 도움을 구하려는 마음조차 내려놓게 하셨습니다. 오직 모든 것을 아시는 하나님만 바라보게 하신 것입니다.

그 과정에서 저는 제 안 깊숙이 자리 잡은 탐심과 재물에 대한 불순한 동기를 발견했습니다. 하나님께서는 필요 이상의 것을 갖고 싶어 하는 욕심, 안전과 만족을 돈에서 찾으려는 마음 등을 하나씩 드러내시며 회개시켰습니다. 몸이 아플 때는 마귀의 역사를 깨닫게 하시고, 병원에 가지 않고 회개 기도로 치유 받게 하셨습니다.

하나님은 매월 일용할 양식만 공급하시고, 그 이상의 물질은 허락하지 않으셨습니다. 필요한 것은 가장 저렴한 것으로 구입하게 하셨습니다. 간혹 사치한 마음에 꼭 필요하지 않은 물건을 사려고 할 때는 불편한 마음을 주서서 내려놓게 하셨첩니다. 그렇게 주님은 매일 조금씩 제 안의 탐욕과 자아를 내려놓는 회개의 길로 이끌어 주셨습니다. 성령님은 주어진 모든 것이 하나님께서 맡기신 것임을 깨닫게 해주셨습니다. 나에게 주신 물질을 주님의 뜻에 합당하게 사용해야 함을 가르쳐 주셨습니다. 매일 주시는 일용할 양식을 감사함으로 받아 누리며 자족하는 법을 배웠습니다.

한 번은 아는 목사님께서 "어떻게 적은 물질로 생활하면서도 궁핍해 보이지 않느냐"고 물으셨습니다. 저는 "전혀 궁핍하지 않아요"라고 대답했습니다. 광야와 같은 산속에서 지내며, 한 주에 한 번 읍내에 볼일을 보러 가는 것 외에는 매일 집에서 말씀을 소리 내어 읽고, 작정 회개기도를 드리며, 설교 준비에 전념하다 보니 물질이 많이 필요하지 않았습니다. 교회 또한 월세가 나가지 않기 때문에 적은 물질로도 운영이 가능했습니다. 신학대학원에 다니는 아들의 생활비를 조금 보태 주는 것 외에는 별다른 지출이 없었기에, 적은 물질로도 큰 불편 없이 지낼 수 있었습니다.

저는 지금까지 하나님께 큰 물질을 구하거나 기대한 적은 없습니다. 다만 사소한 일에서 물질을 좋아하는 마음이 드러날 때마다 괴로웠습니다. 예를 들어 생각지도 못한 곳에서 헌금이 들어오거나 선물을 받을 때면 마음이 기뻤습니다. 때로는 제 취향에 맞는 옷을 입고 싶어 하는 마음에 사로잡히기도 했습니다. 그럴 때마다 마음이 불편해져 주님께 죄송하다고 고백하고 내려놓았습니다.

바울은 "그리스도 예수의 사람들은 육체와 함께 그 정욕과 탐심을 십자가에 못 박았느니라"(갈 5:24)고 증언했습니다. 그러나 저에게는 여전히 기회가 주어지면 내면 깊이 뿌리내린 정욕과 탐심이 고개를 들곤 했습니다. 그럴 때마다 말씀을 소리 내어 읽으며 작정 회개기도를 드렸습니다. 물질을 좋아하는 마음이 얼마나 깊이 뿌리내렸는지 깨닫고, 탐심의 뿌리를 제

거하기 위한 작정 회개기도를 여러 차례 드렸습니다. 물질에 대한 마음이 느껴질 때마다 자아를 부인하는 믿음의 훈련을 거듭한 결과, 수년이 지난 지금은 주님의 은혜로 물질에 대해 많이 자유해졌습니다.

돌이켜보면, 제가 살아온 모든 시간 중에서도 이 광야의 삶이 가장 풍요로운 삶이었습니다. 영적 광야는 단지 육적인 먹을 것과 입을 것이 부족한 장소가 아닙니다. 오히려 하나님은 우리의 내면에 뿌리박힌 탐심과 불순한 동기 그리고 의존하는 것들을 세밀하게 드러 내십니다. 그리고 그것들을 내려놓게 하시며, 자아의 욕심과 소유욕이 비워진 준비된 마음속에 생명의 말씀으로 채워 주십니다.

하지만 광야의 연단은 여기서 끝나지 않습니다. 하나님은 물질뿐 아니라 관계와 외로움을 통해서도 우리를 다루십니다. 때로는 사람과의 갈등 속에서, 또 때로는 홀로 있는 시간 속에서, 우리는 진정한 사랑과 믿음의 관계가 무엇인지를 배우게 됩니다. 그 과정을 통해 하나님만이 나의 참 공급자이시며, 오직 그분의 은혜로 살아야 함을 깊이 깨닫게 됩니다.

(2) 관계와 외로움의 광야

인생의 광야와 같은 시기를 살아가다 보면, 때로는 사람에게 기대고 의지할 수 없는 상황과 마주하게 됩니다. 친한 친구에게 배신을 당하거나, 가족과의 관계가 멀어지거나, 주변 사람들에게 외면당하는 순간이 찾아올 수 있습니다. 그럴 때 우리는 일상의 문제와 어려움을 홀로 감당해야 하는 외로움과 무력함을 경험하게 됩니다.

그러나 이러한 경험은 우리가 자아의 집을 떠나 주님의 품 안으로 들어가도록 이끄시는 하나님의 섭리입니다. 마음속에 육적 관계의 묶임을 풀지 않으면 주님의 생명과 온전히 연합할 수 없기 때문입니다. 또한 이를 통해 진정한 생명의 근원과 힘이 사람에게 있지 않고 하나님과의 관계 속에 있음을 체험하게 하십니다.

이런 체험을 통해 마음에서 내려놓지 못한 것들을 놓게 됩니다. 자신의 부족함과 연약함을 인정하고 주님만을 의지합니다. 혼자 감당할 수 없는 상황 속에서도 하나님께서 지켜 주시고 인도하심을 경험하게 됩니다. 그리하여 우리는 삶의 광야 속에서도 외롭거나 좌절하지 않고, 하나님 안에서 참된 평안과 힘을 누릴 수 있습니다.

예수님께서도 사람과의 관계를 내려놓는 것을 가르치셨습니다.

"누구든지 내 뒤를 따라오려거든 자기 십자가를 지고 나를 따르라. 누구든지 자기 아버지나 어머니, 아내나 자녀, 형제나 자매보다 나를 더 사랑하지 아니하면 내 제자가 될 수 없느니라"(마 10:38-39, 눅 14:26 요약).

예수님께서 이렇게 말씀하신 본질적 의미는 첫째, 육적으로 의지하는 것을 내려놓게 하시는 것입니다. 우리 마음과 삶을 하나님께 집중시키라는 것입니다. 아담의 생명과 연결된 과거의 삶, 즉 자기중심적인 삶의 줄을 끊고 예수님과 연결되어야 합니다. 모든 관계 또한 하나님 중심으로 바뀌어야 합니다. 가족이나 친구, 친밀한 인간관계도 주님의 사랑을 기준으로 재정리되어야 하고, 내가 내 삶의 주인이 아니라 하나님이 주인이 되셔야 합니다.

지나치게 사람에게 의지하면 믿음이 흔들리고, 의존이 하나님보다 사람

그리스도의 심판대와 성화

에게로 향하게 됩니다. 광야에서의 외로움은 바로 이러한 육적 의지를 깨뜨리고, 하나님 안에서만 생명을 붙잡도록 훈련하는 자리입니다. 결국 자기 십자가를 지고 따르는 삶은 육적으로 의지하던 것을 내려놓고 오직 하나님만 의지하도록 내 마음을 정리하며, 주님과 연결된 삶을 살아가는 과정입니다.

저는 광야로 나와 회개하기 전에는 혈육의 정과 가까운 사람들을 많이 의지하며 살았습니다. 낯선 곳에 혼자 가는 것이나 집에 홀로 있는 것 자체를 싫어했습니다. 눈에 보이지 않는 하나님보다 눈앞의 사람들을 더 의지했던 것입니다. 그런데 하나님께서는 제가 붙들던 사람들에게서 큰 실망과 상처를 경험하게 하셨습니다. 이를 통해 인간 내면의 실체를 보게 하셨습니다. 겉으로는 사랑을 말하지만, 실제로는 자기 유익을 따라 움직이는 거짓된 사랑에 불과하다는 것을 깨닫게 하셨습니다. 그때 제 마음에 깊이 각인된 말씀이 있습니다.

"너희는 인생을 의지하지 말라 그의 호흡은 코에 있나니 셈할 가치가 어디 있느냐"(사 2:22).
"너희는 각기 이웃을 조심하며 어떤 형제든지 믿지 말라 형제마다 완전히 속이며 이웃마다 다니며 비방함이라"(렘 9:4).

이 말씀은 레마로 제 안에 심겨 살아 움직이는 말씀으로 역사했습니다. 그 순간 저는 깨달았습니다. 옛사람으로 맺는 인간적인 사랑은 하나님 앞에서 거짓일 뿐이며, 결국 무너질 수밖에 없다는 사실을 말입니다. 그러므로 옛사람의 사랑과 관계 방식을 다 버리고, 오직 주님의 마음을 받아서 그 모습 그대로 인정하며, 주님의 눈과 주님의 마음으로 사람들을 대해야 한다는 것을 깊이 배웠습니다. 광야의 연단은 저로 하여금 사람이 아닌 하나님을 의지하는 법을 배우게 했습니다. 또한 인간적인 사랑이 아닌, 주님의 아가페 사랑으로 사람을 대해야 한다는 것을 배웠습니다.

둘째, 영적 질서를 회복하는 과정은, 사람이 주는 위로나 기대를 내려놓고 하나님 안에서 사랑과 우선순위를 세우는 것입니다. 육적 사랑이 아닌, 아가페적 사랑(하나님 중심의 무조건적 사랑)으로 관계를 바라볼 때, 모든 인간관계가 그 사랑 안에서 새롭게 조정됩니다.

저는 광야 연단 중 가족과 형제 그리고 세상의 것들을 내려놓고 주님 앞에 홀로 섰을 때 마음 안에서 큰 자유를 경험했습니다. 내려놓기 전에는 결핍감과 집착으로 마음이 묶여 고통스러웠습니다. 그러나 하나님 앞에서 다 내려놓았을 때 그 모든 무거움이 사라지는 것을 경험했습니다.

예수님께서 사랑하는 외아들을 마음에서부터 내려놓으라고 하신 이유를 바로 이 자유 속에서 이해하게 되었습니다. 처음에는 아들에 대한 집착을 내려놓는 것이 쉽지 않았습니다. 하지만 말씀을 소리 내어 읽으며 몸부림치는 회개를 했을 때, 하나님께서 내려놓을 수 있는 은혜를 주셨습니다.

내려놓는 과정에서 서로에게 아픔이 있었지만, 시간이 지나면서 주 안에서 더 성숙하고 건강한 사랑의 관계로 회복될 수 있었습니다. 또한 하나님께서 제가 원하는 방식이 아니라, 아들이 주님의 제자의 길을 걸을 수 있도록 돌보시고 삶을 책임져 주시는 것을 경험했습니다.

많은 어머니들이 자녀를 품 안에 꼭 붙들고 놓지 못한 채, 자녀는 그 품에서 벗어나고자 몸부림치는 모습을 종종 보게 됩니다. 그 과정 속에서 서

 그리스도의 심판대와 성화

로 상처를 주고받으며, 관계는 점점 더 힘겨워집니다. 그러나 자녀를 내 소유로 붙잡고 있는 한, 진정한 평안은 찾아오지 않습니다. 자녀를 하나님의 손에 온전히 맡겨드릴 때에만 비로소 마음의 평안을 누릴 수 있습니다. 자녀는 나의 것이 아니라 하나님의 것입니다. 하나님께서 맡겨주신 귀한 생명을 하나님의 뜻 안에서 자라가도록 돕는 것이 부모의 역할입니다. 자녀를 하나님의 자녀로 인정하고, 그 삶이 하나님의 뜻대로 이루어지도록 신뢰하며 맡길 때, 하나님께서 친히 그 자녀의 인생을 이끌고 책임져 주십니다. 부모가 내려놓을 때, 하나님께서 일하십니다.

셋째, 하나님께서 우리를 광야로 이끄시는 이유 중 하나는 주님과 깊은 친밀함을 체험하게 하시기 위함입니다. 외로움과 고립 속에서 우리는 사람이나 물질이 아닌 하나님께 마음을 쏟게 됩니다. 말씀과 기도로 하나님을 의지하며 하루를 살아가는 법을 배우는 자리입니다. 내가 육적으로 붙잡았던 마음을 내려놓을 때, 비로소 하나님과의 관계가 진정한 생명의 근원임을 경험할 수 있습니다.

저 역시 사람을 의지하고 집착을 버리지 못할 때는 주님과 인격적인 친밀함을 누리지 못했습니다. 그러나 모든 것을 내려놓고 하나님 앞에 홀로 섰을 때, 일상의 삶 속에서 임마누엘 하시는 주님을 의식하며 교제할 수 있었습니다. 사람들과 대화를 나누면서도 제 마음은 주님과 연결되어 있었고, 모든 일속에서도 순간순간 주님을 바라보며 묻고 의지할 수 있었습니다.

하지만 제가 주님께 시선을 잠시 떼고 제힘으로 무엇인가를 열심히 하려고 할 때는 어김없이 넘어졌습니다. 그러나 넘어짐 속에서도 주님은 책망과 교훈으로 다시 일으켜 주셨고, 그 과정을 통해 한 걸음 더 주님께 가까이 나아갈 수 있었습니다. 이렇게 체험하면서 알게 된 것은, 주님과의 친밀한 교제를 막는 장애물들을 반드시 제거해야 한다는 사실입니다. 사람에 대한 지나친 의존, 물질에 대한 집착, 소유하려는 마음 등은 하나님과의 인격적인 교제를 가로막습니다. 이 모든 관계와 소유는 주님 안에서 새롭게 조정되어야 합니다.

결국 하나님 안에서 마음을 열고 아가페적 사랑(조건 없는 주님의 사랑)으로 사람을 바라보며 살아갈 때, 우리는 정신적 안정과 영적 성숙을 경험하게 됩니다. 따라서 관계와 외로움의 광야는 단순한 고립이 아닙니다. 오히려 육적인 의존을 내려놓고, 하나님만이 참 생명의 근원임을 배웁니다. 그 안에서 올바른 영적 질서를 세우는 훈련장입니다. 광야의 외로움은 육적으로 혼자가 되는 것이 아니라, 하나님과 더 가까이 연결되기 위해 불필요한 의존을 내려놓는 과정입니다. 그곳에서 우리는 진짜 사랑 곧 하나님의 사랑을 배우게 됩니다.

부부 갈등, 자녀 문제, 형제 간의 다툼, 물질적 어려움 등 삶의 다양한 문제 앞에서도 답은 외부에서 찾는 것이 아닙니다. 문제의 원인을 찾아 그것을 내려놓는 회개를 하고 주님의 생명과 연합하는 데 있습니다. 광야에서 배우는 내려놓음과 하나님께 대한 온전한 의존이야말로 진정한 회복과 평안을 가져오는 길입니다.

(3) 연약함의 광야에서 배우는 은혜

저는 인생의 광야에서 육체적 질병과 연약함을 골고루 경험하면서 나를 내려놓고 하나님의 뜻에 순복하는 훈련을 받았습니다. 어느 날 말씀을 소리 내어 읽으며 회개할 때, 자아 속에 기생하던 어둠의 영이 질병으로 드러나는 체험을 했습니다. 처음에는 이해하기 어려웠지만, 이런 경험은 제 삶 속에서 반복적으로 나타났습니다.

질병으로 고통받을 때마다 마음은 자연스럽게 낮아졌고, 내면 깊은 죄를 회개하게 되었습니다. 놀랍게도 회개와 함께 질병이 치유되었고, 마음과 행실에도 변화가 나타났습니다. 머리부터 발끝까지 한 가지 질병이 드러나서 그 문제의 근원을 찾아 회개하면 치유가 일어났습니다. 또 다른 연약함이 드러났고 그 문제로 회개하면 변화가 찾아왔습니다. 이 과정을 거치며 저는 자아가 죄로 가득한 존재임을 깊이 깨닫게 되었습니다.

육체와 마음이 점점 더 연약해지고, 때로는 세상에서의 소망조차 끊어질 듯한 순간도 있었습니다. 건강할 때는 자아의 힘으로 교만하게 살았지만, 연약함은 저를 온전히 주님 앞에 낮추었습니다. 아무것도 할 수 없는 상태에서 오직 주님만 의지하게 되었고, 오히려 세상에 대한 집착을 내려놓고 하나님께 더 가까이 나아가게 되었습니다.

만약 하나님께서 저의 건강을 거두어 가지 않으셨다면, 저는 교만하게 내 중심적인 삶을 살며 겉으로만 신앙생활을 했을 것입니다. 그러나 사랑의 주님은 그분이 정한 시간이 되자 감추어진 죄를 드러내었습니다. 공의로 저를 징계하시고 회개하게 하신 뒤, 다시 몸과 마음을 회복시켜 주셨습니다.

현재 제가 살고 있는 이곳은 산으로 둘러싸였고, 제 집 앞에는 소나무와 편백나무가 많아 사철이 푸르고, 계곡이 있어 하루 종일 물 흐르는 소리가 들려옵니다. 자연을 통해 주님의 메시지도 들으며, 매일의 일용할 양식을 공급받으며 은혜 가운데 살고 있습니다. 큰 병에 걸리면 병원에 갈 물질도 없고 또 사람에 대한 의존을 내려놓았기 때문에 죽든 살든지 모든 것을 하나님 손에 맡기고 믿음으로 살고 있습니다.

이곳에서 하나님께서는 질병과 공동체 속의 관계를 통해 저의 연약함을 전부 드러내어 겸손하게 낮추셨습니다. 성령님께서는 인생의 근원이 건강이나 힘이 아니라 오직 하나님께 있음을 가르쳐 주셨습니다. 아무리 제가 계획하고 준비해도 결국 제 삶을 붙들고 계신 분은 오직 하나님 한 분뿐이라는 진리를 깊이 깨닫게 되었습니다. 광야의 시간은 제 연약함을 통해 하나님의 은혜를 맛보았고, 내 삶의 중심을 하나님께 두도록 인도하시는 소중한 훈련이었습니다. 그 안에서 저는 진정한 의존과 사랑, 평안을 배웠습니다.

이 과정을 통해 저는 자신의 한계를 인정하고 하나님께 전적으로 의지하는 법을 배웠습니다. 연약함 속에서 기도하고, 말씀을 소리 내어 읽으며 회개의 은혜를 구했습니다. 육체적 고통과 힘의 상실을 통해 저는 하나님만이 나의 생명의 근원임을 확신하게 되었습니다. 지금도 일상의 모든 순간 속에서 주님의 음성을 듣고 가르침을 배우며 살아가고 있습니다.

(4) 정신적 · 영적 전쟁의 광야

광야에서 우리는 눈에 보이지 않는 마귀와의 싸움을 경험하게 됩니다. 마음속에서 일어나는 두려움, 불안, 혼란, 다른 사람이나 상황으로 인한 억압과 스트레스, 각종 유혹들은 모두 마귀가 일으키는 것들입니다. 이러한 상황 속에서 우리는 자아에 의지하여 살아갈 수 없다는 사실을 깨닫게 됩니다. 스스로 마음을 다스리려 해도 한계가 있으며, 힘으로 문제를 해결하려 해도 결코 만족스럽지 않습니다. 결국 인간의 지혜와 힘만으로는 버틸

      그리스도의 심판대와 성화

수 없음을 체험하게 됩니다. 이때 하나님께서는 말씀과 성령을 붙드는 법을 가르치십니다.

우리의 싸움의 대상은 눈에 보이지 않는 악한 영들입니다. 마귀의 활동을 알지 못하면 광야에서 믿음으로 싸울 수 없습니다. 저 역시 한때 매일 마귀와 싸우는 삶을 살았습니다. 그러나 깨달은 것은 내 힘으로 대적하는 순간 마귀는 잠시 물러갈 뿐, 반복적으로 역사하며 악순환이 이어진다는 사실이었습니다. 거짓된 마귀는 우리를 자기 자신에게 집중하게 만들고, 자아의 힘으로 싸우도록 속입니다. 영적 존재인 마귀는 우리의 힘으로 결코 이길 수 없습니다. 전쟁은 오직 하나님께 속해 있음을 기억해야 합니다.

성경은 "까닭 없는 저주는 임하지 않는다"(잠 26:2)고 말씀합니다. 또한 "참새 두 마리가 한 앗사리온에 팔리지 않느냐? 그러나 너희 아버지께서 허락하지 않으시면 그 하나도 땅에 떨어지지 아니하리라"(마 10:29)고 하셨습니다. 이 말씀은 곧 마귀도 하나님께서 허락하신 범위 안에서만 역사할 수 있다는 진리를 보여줍니다.

마귀는 이유 없이 역사하지 않습니다. 우리의 마음 안에 있는 아담으로부터 물려받은 죄성, 정욕, 탐심이 마귀를 끌어당기는 통로가 됩니다. 그러므로 마귀와의 싸움은 단지 외부의 공격을 막는 것이 아니라, 내 안의 죄된 본성과 욕심을 다루는 싸움이기도 합니다. 죄와 탐심은 마귀의 먹잇감입니다. 그것을 버리는 회개를 할 때 마귀가 역사할 수 있는 권한도 사라집니다. 그래서 마귀를 대적하는 가장 강력한 무기는 바로 회개입니다. 내 마음 안의 죄와 탐욕을 인정하고 버릴 때, 죄와 마귀로부터 진정한 자유를 누리게 됩니다.

마귀의 역사를 막는 방법은 마음 안의 '마귀 밥' 즉 탐심을 내려놓는 회개에 있습니다. 자신의 힘으로 싸우려 하지 않고, 문제의 근원을 찾아 그 죄와 소유욕을 내려놓을 때 사탄의 역사도 멈춥니다. 안타깝게도 이 시대에는 믿는 성도들 가운데 정신적 어려움을 겪는 사람들이 많습니다. 치유 방법은 다양하지만, 그중 특히 효과적인 방법은 말씀을 소리 내어 읽으며 회개의 은혜를 구하고 탐욕을 버리는 것입니다. 왜 정신병이 찾아왔는지 그 문제를 주님의 손에 내려놓는 것이 중요합니다.

성령님께서 마귀와 싸워 이기게 하시는 가장 좋은 방법은, 나 자신을 포기하고 전적으로 주님의 손에 맡기는 것입니다. 나의 연약함을 인정하고 자아를 내려놓으며 주님을 의지할 때, 성령님은 능력 있게 역사하십니다. 내 힘을 내려놓고 주님을 의지하는 순간 성령님이 일하십니다. 그러나 내가 내 힘으로 무엇인가를 붙잡고 씨름할 때는 성령님께서 온전히 맡길 때까지 바라보며 기다리십니다.

정신적·영적 전쟁의 광야는 우리의 자아를 십자가 죽음에 넘기고 오직 하나님만 의뢰하며 살아가는 법을 배우는 자리입니다. 인간의 힘과 지혜가 아닌, 성령 안에서만 하나님의 말씀으로 참된 승리와 자유를 얻을 수 있음을 체험하는 학교입니다.

(5) 광야에서 자아를 버림과 새 사람의 회복

광야는 하나님께서 우리를 연단하고 믿음을 훈련 시키시는 자리입니다. 하나님은 광야에서 우리를 성숙하게 하십니다. 그 과정의 핵심은 자아를 버리고 하나님께 온전히 맡기는 훈련입니다. 자아란 하나님보다 자신을 앞세우는 마음입니다. 타락한 정욕과 죄성, 결점으로 구성된 아담으로부

　　　　　　　　　　　　　　　　　　그리스도의 심판대와 성화

터 물려받은 본성을 말합니다. 이 자아는 세상과 욕심에 묶인 자기중심의 삶으로 나타납니다. 그래서 자아가 강할수록 하나님보다 내 생각과 감정을 더 의지하게 됩니다. 결국 하나님의 뜻보다 내 뜻을 앞세우게 됩니다.

광야에서 하나님은 우리의 교만과 탐욕, 사람의 인정 욕과 세상의 만족을 하나씩 내려놓게 하십니다. 때로는 익숙한 안정감까지도 포기하게 하십니다. 이스라엘 백성이 애굽의 풍요를 버리고 광야로 나왔을 때 비로소 참된 믿음이 시작되었습니다. 이처럼 우리도 붙잡고 있던 자아를 포기하고 하나님만을 의지해야 참된 믿음의 길을 갈 수 있습니다.

광야의 현실은 우리 힘으로 해결할 수 없는 문제들로 가득합니다. 질병이나 환경의 어려움, 관계의 갈등 속에서 우리는 인간의 한계를 절감하게 됩니다. 바로 그 자리에서 자아를 내려놓는 훈련이 시작됩니다. 내 계획과 방법을 버리고 오직 하나님께 맡길 때 비로소 겸손이 회복되고, 성령의 인도하심이 실제가 됩니다. 삶의 일부만이 아니라 환경, 건강, 미래, 관계까지 모든 영역을 하나님께 맡길 때 마음에 참된 평안이 임합니다.

출애굽기 17장의 전투가 그 예입니다. 모세가 손을 들면 이스라엘이 이겼고, 손이 내려오면 졌습니다. 아론과 훌이 함께 손을 붙잡아 주었을 때 승리가 주어졌습니다. 이는 내 힘으로 싸우면 패하지만, 하나님께 온전히 맡기면 반드시 승리하게 됨을 보여줍니다. 우리는 종종 하나님께 맡겼다가도 다시 붙잡기를 반복하지만, 자아가 완전히 항복될 때 진정한 승리가 옵니다. 그때 우리는 여호와 닛시 "주님은 나의 깃발이시다"를 경험하게 됩니다.

결국 광야의 시험은 누구를 의지할 것인가의 문제입니다. 내 힘을 의지하면 실패하지만, 하나님께 맡기면 시험이 승리로 바뀝니다. 성령의 도우심을 구할 때 연약함이 능력으로 변합니다. "내 은혜가 네게 족하다"는 주님의 말씀이 삶 속에서 실제가 됩니다.

광야의 여정이 끝날 때 우리는 비로소 성령으로 행하는 삶을 배우게 됩니다. 성령은 연약한 우리를 붙드시며, 자아를 버릴 힘을 주십니다. 또한 자아의 본성을 이길 능력을 주시고, 혼란스러운 길 위에서도 올바른 방향으로 인도하십니다. 우리가 스스로의 힘으로 살려고 할 때는 늘 실패합니다. 그러나 성령 안에서 믿음으로 순종할 때는 참된 변화가 일어납니다. 성령님은 단지 위로자가 아니라, 우리를 성화로 이끄시는 능력의 영이십니다. 성령님은 넘어지고 약한 우리를 다시 일으키시며, 내 뜻이 아니라 하나님의 뜻을 따르도록 마음을 새롭게 하십니다.

성령으로 행하는 삶은 하루아침에 완성되지 않습니다. 그러나 매 순간 자신을 부인하고 주님께 순종할 때, 성령께서 우리 안에서 조금씩 그리스도의 형상을 이루어 가십니다. 이것이 바로 영적 성장의 길이며, 광야의 연단이 목적하는 바입니다.

결국 광야는 고난의 장소가 아니라, 패배의 자리를 승리의 자리로 바꾸시는 하나님의 훈련소입니다. 고통 속에서도 성령의 손에 붙들린 사람은 절망하지 않습니다. 왜냐하면 그 고난이 우리를 무너뜨리기 위함이 아니라, 하나님께 더 의지하게 하시고, 오직 성령 안에서 참된 자유와 승리를 맛보게 하기 때문입니다.

　　　　　　　　　　　　　　　　　그리스도의 심판대와 성화

3) 광야 연단의 영적 의미

(1) 낮추심을 통한 겸손

광야는 교만을 꺾고 예수님의 겸손을 배우는 자리입니다. 사람은 풍족하면 쉽게 교만해집니다. 스스로 살 수 있다고 착각하고 하나님을 의지하지 않아도 되는 듯이 살아갑니다. 그러나 광야에서는 아무것도 의지할 수 없습니다. 환경도 사람도 자신도 믿을 수 없을 때 비로소 하나님 없이는 살 수 없다는 진리를 깨닫게 됩니다.

하나님은 고난과 결핍을 통해 겸손을 가르치십니다. 주님이 우리를 낮추시는 것은 하나님 중심의 자리로 다시 세우기 위한 사랑의 손길입니다. 시험과 연단은 믿음의 진실을 드러내는 하나님의 도구입니다. 그 과정을 통해 우리는 자아의 한계를 보고 주님의 전적인 은혜만 붙들게 됩니다.

하나님이 인정하시는 참된 겸손은 언행을 낮추는 것이 아닙니다. 겸손은 자아의 포기이며 자아의 죽음입니다. 자신의 생각과 감정 욕망과 의지를 내려놓고 모든 것을 주님께 맡기는 것이 진짜 겸손입니다. 겸손한 사람은 자신을 드러내지 않고 자신의 힘으로 무엇을 이루려 하지 않습니다. 오직 "나는 아무것도 아닙니다. 주님만이 내 생명이고 내 힘입니다"라고 고백합니다.

하나님께서 허락하신 낮추심의 시간 속에서 우리의 감추어진 죄성과 정욕이 드러납니다. 그때마다 자신을 변명하거나 합리화하지 말고 죄를 인정하고 그 문제를 주님께 맡겨야 합니다. 그것이 진정한 겸손의 시작입니다. 매 순간 자아를 부인할 때 그 자리에서 그리스도가 드러납니다. "내가 그리스도와 함께 십자가에 못박혔나니 이제는 내가 사는 것이 아니요 오직 내 안에 그리스도께서 사시는 것이라." 이 고백이 겸손의 완성입니다.

겸손은 단번에 완성되지 않습니다. 하루하루의 낮추심 속에서 하나님은 우리 안의 교만을 다루시고 자아가 죽고 예수 그리스도가 사는 삶으로 이끄십니다. 광야의 낮추심은 절망이 아니라 새 생명으로의 초대입니다. 하나님은 우리가 무너지는 자리에서 겸손의 사람으로 다시 세우십니다. 그리고 그 겸손을 통해 우리 안에 그리스도의 형상을 완성해 가십니다.

(2) 말씀을 붙드는 순종

하나님은 광야의 이스라엘 백성에게 만나를 주셨습니다. 그 만나를 통해 하나님은 "사람이 떡으로만 살 것이 아니요, 하나님의 입에서 나오는 모든 말씀으로 살 것이라"(신 8:3)는 진리를 가르쳤습니다. 만나는 하나님의 말씀 즉 생명의 떡(예수님)을 상징하는 하늘의 양식이었습니다. 이스라엘 백성이 광야에서만 하늘의 만나를 먹을 수 있었던 것처럼, 우리도 하늘의 만나를 먹기 위해서는 광야로 나아가야 합니다.

우리의 광야는 단지 외적인 장소가 아니라, 세상과 구별되어 예수 그리스도 안에서 믿음으로 살아가는 삶의 자리입니다. 세상적인 의지와 욕망을 내려놓고 오직 하나님만을 바라보는 그 자리가 바로 우리의 영적 광야입니다. 그때 비로소 성령께서 우리 안에 임하시어, 레마의 말씀으로 하늘의 만나를 먹이시며 우리의 영혼을 새롭게 하십니다. 광야는 고독하고 메마른 곳처럼 보이지만, 그곳은 하나님의 말씀이 생명의 양식으로 임하는 은혜의 자리입니다.

　　　　　　　　　　　그리스도의 심판대와 성화

하늘의 만나 즉 말씀을 먹는다는 것은 그저 성경을 읽거나 아는 것만을 의미하지 않습니다. 영혼이 실제 배부름을 얻고 말씀의 능력으로, 마음과 행실의 변화를 통해 믿음이 지속적으로 자라야 합니다. 영혼이 실제로 배부름을 얻고 내면이 변화되는 가장 좋은 방법은 말씀을 소리 내어 읽는 것입니다. 믿음으로 말씀을 선포할 때, 진리의 성령께서 그 말씀 안에서 역사하시며 우리의 마음을 새롭게 하십니다.

저는 말씀을 소리 내어 읽을 때마다 어둠이 물러가고 영이 새 힘을 얻는 것을 경험합니다. 눈으로만 말씀을 읽을 때는 깨달음은 있지만, 매일 발에 묻은 먼지와 같은 어둠의 쓰레기는 처리되지 않았습니다. 그러나 믿음으로 말씀을 소리 내어 선포했을 때는 그 말씀이 불처럼 역사하여 영 전이로 무겁던 짐이 가벼워짐을 경험합니다.

말씀의 소리에 능력이 있다는 사실을 마귀는 더 잘 알고 있기에 종종 고통을 주거나 아주 교묘하게 방해합니다. 제가 아는 목사님은 평소에는 말을 잘하다가도 성경을 소리 내어 읽으려고 하면 그때부터 마귀가 목을 조르는 현상이 나타나고 소리가 나오지 않아 그저 "어… 어…"하는 식으로만 성경을 읽었다고 안타까워했습니다. 심지어 성경을 소리 내어 읽으려고 생각만 해도 마귀가 방해한다고 고백했습니다.

이것만 봐도 마귀는 말씀 소리에 실제로 충격을 받고 성령의 불의 터치로 고통을 받고 쫓겨날 수 있기에 미리 방해하는 것입니다. 그래서 성경을 소리 내어 읽기 귀찮아 눈으로만 읽는 것도 어찌 보면 마귀의 방해일 수 있습니다. 그러므로 우리는 소리 내어 읽기 싫더라도 하나님께서 혀에 권세를 주셨음을 믿고 억지로라도 말씀을 소리 내어 읽어야 합니다.

소리내어 읽는 말씀은 죽은 지식이 아니고 생명의 양식이고 능력이기 때문에 사탄이 하지 못하게 방해하는 것입니다. 영혼이 말씀을 먹지 않으면 믿음을 가질 수 없고, 믿음이 없으면 순종도 불가능합니다. 바울이 "믿음은 들음에서 나며, 들음은 그리스도의 말씀으로 말미암는다"(롬 10:17)고 한 것처럼, 우리는 말씀을 소리 내어 읽음으로써 영의 귀에 들려주어야 합니다. 그때 성령께서 그 말씀을 레마로 마음에 새겨 주시고 그 말씀이 생명의 능력으로 우리 안에서 역사합니다.

결국 말씀을 붙드는 순종은 내 뜻과 계산을 내려놓고, 하나님의 말씀을 생명의 법칙으로 삼는 것에서 시작됩니다. 말씀이 곧 우리의 만나입니다. 오늘도 우리는 세상 한가운데 살지만, 영혼만큼은 광야에 부름받은 자처럼 하나님 앞에서 거룩하게 구별된 삶을 살아야 합니다. 그럴 때 우리의 영혼은 날마다 새로워지고, 광야의 연단을 통해 심판대 앞에서 칭찬받을 천국의 백성으로 세워질 것입니다.

(3) 정체성 확립

광야는 하나님의 백성으로서 정체성을 확립하는 자리입니다. 광야의 여정은 하나님께서 자신의 백성을 새롭게 빚으시는 은혜의 학교입니다. 이 과정 속에서 우리는 "나는 누구인가"라는 근본적인 질문 앞에 서게 됩니다. 세상에서의 신분이나 성취, 사람의 평가가 아닌 "나는 하나님의 자녀다"라는 진리가 우리 존재의 뿌리가 됩니다.

광야를 지나는 동안 우리는 말씀으로 사는 존재로 빚어집니다. 하나님은 우리에게 만나를 주시며 가르치십니다. "사람이 떡으로만 사는 것이 아니요, 여호와의 입에서 나오는 모든 말씀으로 사는 줄을 알게 하려 하심이라"(신 8:3). 이 말씀처럼 광야는 인간의 의지와 능력이 멈추는 자리이며, 오직 하나님의 말씀으로 살아가는 법을 배우는 연단과 훈련의 자리입니다.

교만한 사람은 자기를 부인하고 말씀에 순종할 수 없습니다. 자신의 기준과 생각을 내려놓지 못하기 때문입니다. 그러나 겸손한 사람은 성령님께 가르침을 받고, 그 말씀 안에서 참된 순종을 배웁니다. 겸손히 무릎 꿇을 때 비로소 믿음과 순종이 시작되고 하나님의 자녀로서의 정체성이 세워집니다.

하나님은 우리를 낮추심으로 겸손과 순종의 자리로 이끄십니다. 낮추심은 고통이 아니라 사랑으로 우리를 다듬으시는 하나님의 손길입니다. 그 낮추심은 사랑의 징계요, 회복의 손길입니다. 하나님은 교만을 꺾으심으로 우리의 마음을 새롭게 하여 하나님의 형상으로 다시 빚어 가십니다. 광야의 결핍은 결코 저주가 아닙니다. 그 결핍은 우리가 스스로의 능력이 아닌 하나님께 전적으로 의지하도록 이끄는 은혜의 도구입니다. 풍족함 속에서는 쉽게 잊혀지는 하나님의 음성이 결핍의 자리에서는 다시 또렷하게 들려옵니다.

광야의 고난은 우리의 믿음을 정금같이 연단하는 학교이며, 겸손을 배우고 순종을 훈련하는 자리입니다(신 8:2-3). 그곳에서 우리는 예수 그리스도의 성품으로 빚어지고, 성령께서 우리 안에 하나님의 생명을 형성하십니다. 주님은 낮추심을 통해 더 깊은 겸손과 순종의 사람으로 세우기 위해 오늘도 우리를 다루십니다.

결국 광야는 하나님의 자녀로서의 정체성을 세우는 은혜의 훈련장입니다. 그곳에서 우리는 세상의 가치로 살지 않고, 오직 말씀과 성령의 인도하심으로 살아가는 법을 배웁니다. 광야의 여정은 우리를 하나님과 자녀 된 관계를 세웁니다. 그 관계 속에서 우리는 참된 의존과 신뢰를 배웁니다. 동시에 광야는 그리스도와 신부로서의 연합을 경험하게 합니다. 그 연합 속에서 우리는 사랑과 순종 그리고 온전함을 배우게 됩니다. 이 모든 과정이 바로 광야가 우리를 완전함으로 이끄는 이유입니다.

4) 광야 연단과 준비된 성도의 길

인생의 광야는 시련의 장소가 아닙니다. 하나님께서 우리를 성숙하게 다듬으시는 영적 훈련의 장입니다. 겉으로는 결핍과 고난의 자리 같지만, 실상은 하나님이 자녀를 다루시고 빚으시는 은혜의 과정입니다. 그러나 모든 성도가 동일하게 이 훈련을 받는 것은 아닙니다. 광야 연단과 훈련은 아무에게나 주어지는 길이 아닙니다.

성경적 모형과 실제 경험을 통해 볼 때, 광야 연단은 십자가의 죽음과 부활의 믿음을 실제로 체험한 성도에게만 허락됩니다. 지식으로 아는 신앙이 아니라 자아가 십자가에 못 박히고, 그리스도의 생명으로 다시 사는 체험을 한 성도에게 주어지는 특별한 과정입니다.

이스라엘 백성도 홍해를 건넌 후 비로소 광야에 들어갔습니다. 홍해는 십자가의 죽음을 상징합니다. 광야는 그 죽음을 실제 삶 속에서 적용하고 훈련하는 자리였습니다. 자아가 실제 죽어지는 경험은 광야에서 이루어집니다. 광야는 겉보기에는 고난 같지만 내적 변화를 이루는 하나님의 도구입니다. 자아를 내려놓고 하나님만을 전적으로 의지하도록 인도하는 훈련입니다.

따라서 광야의 연단과 훈련은 옛사람의 죽음을 통해 새 생명을 얻는 믿음의 여정입니다. 십자가와 부활의 실제를 경험한 자만이 광야를 통해 더 깊은 성숙으로 나아갑니다. 광야는 결국 우리를 넘어뜨리려는 자리가 아니라, 하나님이 친히 다스리시고 세우시는 영적 학교입니다.

(1) 광야 연단의 대상과 준비

예수님은 요단강에서 세례를 받으신 후, 성령에 이끌려 광야로 들어가셨습니다. 그곳에서 40일 동안 금식하시며 마귀의 시험을 받으셨습니다. 광야는 내가 선택해서 가는 곳이 아닙니다. 성령께서 인도하시는 자리입니다.

물세례는 죽음과 부활의 결단을 상징합니다. 광야는 세상 것을 내려놓고 자아를 주님께 드리는 자리입니다. 비록 육체의 죽음은 아니지만, 마음의 방향이 바뀌는 전환점입니다. 세상에서 주님께 돌아서는 근본적 회개가 시작되는 곳입니다.

세상에 마음을 두고 있는 영혼은 광야의 의미를 깨닫기 어렵습니다. 아직 믿음이 어린 영혼은 광야의 연단을 감당할 준비가 되어 있지 않습니다. 홍해를 건넌 세례 곧 십자가와 부활의 깊은 체험이 없는 자는 자아의 죽음과 죄의 단절을 경험하지 못하기 때문입니다. 그러나 성령은 각 사람의 믿음의 분량을 아십니다. 아직 준비되지 않은 자를 억지로 광야로 이끌지 않으십니다. 광야는 이미 믿음의 결단을 한 자들이 들어가는 연단과 훈련의 자리입니다.

광야 연단을 받을 수 있는 사람은 누구입니까? 그들은 십자가의 죽음과 부활을 믿음으로 받아들이고, 그 믿음으로 실제 삶 속에서 반응하는 성도들입니다. 이들은 이미 자아 부인의 길에 들어선 사람들로서, 광야에서 자신의 연약함을 깨닫고 하나씩 내려놓기 시작합니다. 그 과정을 통해 오직 하나님만을 전적으로 의지하는 법을 배웁니다.

광야의 연단과 훈련은 신앙의 깊이를 드러냅니다. 감정적인 신앙인지, 뿌리 깊은 신앙인지가 시험 속에서 분명히 드러납니다. 자기 힘으로는 살 수 없음을 깨닫게 되고, 오직 하나님의 은혜와 능력에 의지하게 됩니다. 시험 중에도 하나님을 신뢰하는 법을 배우며, 그때 내면의 평안과 믿음의 견고함이 자라납니다.

광야는 인생의 주도권이 내게 있지 않음을 깨닫게 하는 자리입니다. 모든 것이 하나님의 손에 달려 있음을 배우며, 점차 자신의 소유와 계획을 내려놓게 됩니다. 광야의 연단과 훈련은 성령께서 주도하십니다. 감당할 수 없는 자는 그 길로 인도하지 않으시며, 십자가와 부활의 은혜에 진심으로 반응하는 성도는 연단을 통해 신앙의 뿌리가 깊어집니다. 그리고 그 자리에서 하나님의 절대 주권을 실제로 경험하게 됩니다.

(2) 광야 연단의 모형과 실제 그리고 영적 교훈

광야 연단과 훈련은 성경의 모형 속에서 분명한 목표를 가지고 있습니다. 성도가 겸손을 배우고 순종을 배우며, 자아를 부인하여 삶을 하나님께 온전히 맡기게 되는 것입니다. 그러나 실제의 광야는 결코 평탄하지 않습니다. 눈에 보이는 길이 계획된 듯 보이지 않고, 예상치 못한 고난이 닥쳐옵니다. 질병이나 관계의 갈등, 환경의 제약이 찾아오며 그 속에서 하나님은 우리의 믿음을 시험하십니다. 이 모든 과정을 통해 우리의 숨은 죄성과 탐심이 드러납니다. 하나님은 그것을 회개시키시며 자아중심성과 세상 집착

   그리스도의 심판대와 성화

을 끊어내십니다. 결국 우리는 오직 주님만 의지하는 법을 배우게 됩니다.

광야는 결코 쉬운 길이 아니며, 고난이 있는 자리입니다. 그러나 그 과정 자체가 하나님을 의지하는 훈련의 시간입니다. 광야에서 우리는 자신의 한계를 인정하고, 기도로 나아가며, 말씀을 붙잡는 법을 배웁니다. 그 가운데 치유와 변화가 일어나고, 신앙의 뿌리가 깊어지며, 내적 성숙이 이루어집니다. 이 모든 체험은 인간의 힘으로 사는 것이 아니라, 하나님이 붙드심으로 살아간다는 사실을 보여줍니다.

"여호와께서 사람의 걸음을 정하시고 그의 길을 기뻐하시나니 그는 넘어지나 아주 엎드러지지 아니함은 여호와께서 그의 손으로 붙드심이로다"(시 37:23-24).

이 말씀은 의인의 삶을 인도하시는 하나님의 보호와 인도를 나타냅니다. 하나님께서 의인의 삶의 방향, 즉 인생의 걸음을 계획하고 이끄신다는 뜻입니다. 인간의 삶은 우연이나 자기 힘으로 이루어지는 것이 아니라, 하나님의 주권 아래 있음을 보여줍니다. 하나님은 날마다 그분과 동행하며 의롭게 사는 사람을 기뻐하십니다. 의인이라 할지라도 인생의 길에서 넘어질 수 있지만, 완전히 쓰러지거나 버려지지 않습니다. 왜냐하면 하나님께서 그의 손을 붙들고 계시기 때문입니다.

하나님께서 은혜로 붙드시는 그 손은, 성령 안에서 믿음으로 사는 각 사람의 삶의 여정 속에서도 동일하게 역사하십니다. 하나님은 모든 성도를 그분의 뜻하신 길과 정하신 때에 따라 인도하시며, 그 과정 속에서 믿음을 단련하십니다.

광야의 기간은 사람마다 다릅니다. 이스라엘은 40년의 광야를 걸었고, 아브라함은 24년의 기다림을 통과했습니다. 야곱은 20년 동안 라반의 집에서 다듬어졌고, 요셉은 13년의 광야 같은 시간을 지나 총리가 되었습니다. 바울은 회심 이후 약 13-14년 동안 준비의 시간을 거쳐 사역에 나섰고, 다윗은 오랜 도피와 시련 끝에 왕이 되었습니다. 제자들 또한 주님과 함께한 3년의 훈련과 성령 강림을 통해 새 사람으로 세워졌습니다. 이처럼 광야의 기간은 각 사람마다 다르지만, 목적은 동일합니다. 믿음으로 자아를 부인하고 십자가를 지며, 성령의 인도에 순종함으로 하나님과의 연합으로 나아가는 것입니다.

광야의 여정 속에서 성도는 겸손을 배우고, 오직 하나님만을 의지하는 법을 배웁니다. 그 결과 신앙의 성숙과 내적 평안이라는 열매를 맺게 됩니다. 결론적으로 광야의 연단은 단순한 고난이 아니라, 성도의 믿음과 순종을 실제로 훈련시키는 하나님의 학교입니다.

이와 마찬가지로, 에덴에서의 시험 또한 인간의 자유의지를 연단하는 장이었습니다. 하나님께서 주신 선택의 기회 속에서, 인간은 자신의 마음과 의지를 어떻게 쓰는지를 드러냈고, 그 과정에서 연단 된 자유의지는 참된 순종과 신뢰로 성숙하게 됩니다. 광야에서 성도의 연단과 에덴의 시험은 본질적으로 같은 원리를 보여줍니다. 즉 인간은 시험과 연단을 통해 자신의 의지를 하나님께 맡기고, 믿음 안에서 점차 성숙하며, 그리스도의 형상을 닮아가도록 부르심 받았습니다(롬 8:29-30).

2. 에덴의 시험과 연단 받은 자유의지

① 에덴의 시험과 자유의지

에덴동산에서 하나님이 아담과 하와에게 주신 명령은 단순한 금지가 아니었습니다. 하나님은 "동산 각종 나무의 열매는 네게 임의로 먹되, 선악을 알게 하는 나무의 열매는 먹지 말라"(창 2:16-17)고 명하셨습니다. 하나님은 동산의 모든 것을 허락하시며 단 하나의 나무만 금하셨습니다. 이 명령은 억압이 아니라, 사랑과 신뢰를 확인하는 경계였습니다. 하나님은 인간에게 "내가 너를 사랑한다. 너는 나를 신뢰하겠느냐?"라고 질문하신 것입니다. 사랑에는 반드시 선택의 자유가 필요하며, 선악과는 하나님을 선택할 수 있는 여지로 주어진 것이었습니다. 이것이 바로 연단된 자유의지가 시작되는 자리입니다.

아담과 하와는 무죄했지만, 아직 믿음이 연단되지 않았기에 사탄의 유혹에 넘어갔습니다. 이는 무죄하기만 한 상태로는 시험을 이길 수 없음을 보여줍니다. 많은 천사들이 타락한 것처럼, 연단되지 않은 존재는 누구나 유혹 앞에서 흔들릴 수 있습니다. 그래서 하나님은 인간에게 자유의지를 주셨을 뿐 아니라, 시험과 연단을 통해 하나님의 형상으로 회복되며 하나님과 하나 되도록 계획하셨습니다.

하나님은 전지전능하시기에 아담과 하와의 타락을 미리 아셨으므로, 예수 그리스도를 통한 구원을 창세 전부터 준비해 두셨습니다. 그러므로 선악과 사건은 단순한 실패가 아니라, 타락과 구원을 통해 인간을 새롭게 빚어 가시는 하나님의 구속 역사였습니다.

하나님은 우리가 예수 그리스도를 믿음으로 사탄의 유혹을 거절할 수 있게 하셨습니다. 성령님은 우리의 의지를 연단하여 흔들리지 않는 성숙한 자유의지로 자라가게 하십니다. 우리는 성령 안에서 옛사람이 십자가에서 이미 죽었음을 믿고, 성령의 인도에 순종함으로 하나님의 성품을 이루어 가야 합니다. 타락은 끝이 아니라, 구원과 성화의 과정이 시작되는 출발점이었습니다.

② 선악나무의 길: 내가 주인이 되는 길

성경은 선악과 자체가 악하다고 말하지 않습니다. 지식의 나무는 어떤 신학자들에 의해 율법을 상징하는 나무로 이해되기도 합니다. 문제는 나무 자체가 아니라, 하나님 없이 스스로 선악을 판단하고 자신의 힘으로 의롭고자 하는 마음입니다.

하와는 선악과를 바라볼 때 "먹음직하고 보암직하고 지혜롭게 할 만큼 탐스러워"보였습니다. 이렇게 보이게 된 것은 사탄이 하와의 시선과 마음을 왜곡시켰기 때문입니다. 하와에게 일어난 육신의 정욕, 안목의 정욕, 이생의 자랑이라는 욕망은 하나님을 떠나도록 만드는 사탄의 왜곡된 가치관과 사고방식에서 비롯된 것입니다.

인간은 타락하기 전에는 하나님을 신뢰하는 선한 의지를 가지고 있었습니다. 그래서 처음에는 선악과를 보아도 탐심이나 악한 욕망이 없었습니다. 그러나 사탄이 왜곡된 관점을 심어주자, 그 선한 의지는 약해지고 대신 욕망과 집착이 자리 잡으면서 죽음과 타락이 시작되었습니다.

▶ 육신의 정욕 - "먹음직도 하고"

육신의 정욕은 하나님 없이 스스로 만족을 채우려는 욕망입니다. 정상적인 욕구라도 하나님의 방식이 아닌 내 방식으로 채우려 하면 왜곡됩니다. 육체적 욕망은 즉각적인 만족을 추구하고, 기다림을 싫어하며 감정과 충동이 기준이 됩니다. 육신의 정욕을 이기는 길은 욕망을 내려놓고 그리스도로 사는 삶입니다.

▶ 안목의 정욕 - "보암직하고"

안목의 정욕은 눈으로 들어오는 유혹입니다. 하와도 선악과를 보고 탐했고, 아간도 아름다운 외투와 은금을 보고 훔쳤으며, 다윗도 목욕하는 밧세바를 보고 넘어졌습니다. 이처럼 모든 죄는 시선에서 시작됩니다.

오늘날 TV · SNS · 유튜브 · 각종 광고는 끊임없이 욕망을 자극하며 비교, 열등감, 중독 등을 만들어 냅니다. 눈은 영의 창이므로 시선을 지키는 것이 곧 마음을 지키는 길입니다. 세상은 보이는 것을 강조하지만, 하나님은 보이지 않는 말씀으로 영혼을 세우시며 우리를 그리스도의 형상으로 빚어 가십니다.

▶ 이생의 자랑 - "지혜롭게 할 만큼 탐스럽기도 하고"

이생의 자랑은 인정받고자 하는 욕망, 스스로 높아지려는 마음입니다. 하나님 없이 성공을 추구하고, 자신의 능력을 드러내며, 내가 주인이 되려는 마음과 행위입니다. 이생의 자랑은 인정 욕구, 자기중심적 선택, 성공에 대한 집착 등으로 나타납니다. 이를 이기는 길은 자아를 내려놓는 겸손입니다(갈 2:20). 나의 영광이 아니라 하나님의 영광을 구할 때 사탄은 힘을 잃고 떠납니다.

결국 선악 나무의 길은 겉으로는 경건해 보일지라도 내가 주인이 되는 길입니다. 우리는 이 길을 피하고 하나님을 주인으로 모시며, 생명나무의 길, 곧 하나님과 동행하는 생명의 길로 나아가야 합니다.

③ 생명나무의 길: 하나님이 주인이 되는 길

예수님은 생명나무의 길을 온전히 걸으셨습니다. 공생애를 시작하실 때 성령께 이끌려 광야로 가셨고(마 4:1), 죄가 없으신 분이 40일 금식으로 자아를 내려놓고 하나님만을 신뢰하는 길을 보여주셨습니다. 이 금식은 이스라엘의 광야 40년 연단의 모범이며, 우리가 통과해야 할 시험과 연단의 길을 먼저 걸어주신 사건입니다.

사탄은 굶주린 예수님께 "이 돌로 떡이 되게 하라"고 유혹했습니다. 유혹의 핵심은 하나님을 기다리지 말고 네 힘으로 문제를 해결하라는 것입니다. 그러나 예수님은 능력이 있으심에도 순종과 말씀을 선택하셨습니다.

"사람이 떡으로만 살 것이 아니요, 하나님의 입으로부터 나오는 모든 말씀으로 살 것이라"(마 4:4).

예수님은 영혼의 참된 양식이 하나님의 말씀임을 드러내셨습니다. 바울의 "나는 날마다 죽노라"는 고백처럼, 우리도 날마다 자아를 죽이고 하나님을 신뢰해야 합니다. 말씀을 매일 소리 내어 먹을 때 영이 살아나고 마음과 육체도 새 힘을 얻습니다. 우리는 먹고 마시고 입는 모든 필요를 주님께 맡기고, 먼저 그의 나라와 의를 구하며, 성령님께서 주시는 자족과 감사를 배우고 실천해야 합니다.

예수님의 두 번째 시험은 이생의 자랑이었습니다. 사탄은 "성전에서 뛰어내려라. 네가 하나님의 아들이라면 증명해 봐라"고 하며 예수님을 자기 과시와 영적 교만으로 유혹했습니다. 핵심은 사람의 인정이 하나님의 뜻보다 더 중요하다는 거짓입니다. 그러나 예수님은 "주 너의 하나님을 시험하지 말라"는 말씀으로 단호히 거절하셨습니다.

우리에게 주는 교훈도 분명합니다. 하나님의 뜻을 벗어난 무리한 행동을 '믿음'으로 포장하는 것은 교만이며, 결국 하나님을 시험하는 것입니다. 사람에게 인정받고 싶은 마음, 자신을 드러내려는 욕구는 모두 이생의 자랑의 통로입니다. 이생의 자랑을 이기는 길은 날마다 자기를 부인하고 자기 십자가를 지며 주님만 따르는 삶입니다. 선행도 은밀하게 행할 때 하나님께서 인정하시고 상급을 주십니다.

예수님의 세 번째 시험은 안목의 정욕이었습니다. 사탄은 세상의 성공·권세·눈에 보이는 영광을 보여주며, 엎드려 경배하면 모두 주겠다고 유혹했습니다. 이는 보이는 영광과 즉각적인 만족을 향한 시험이었습니다. 그러나 예수님은 "주 너의 하나님께만 경배하라"는 말씀으로 단호히 거절하시며, 보이는 것보다 보이지 않는 하나님의 뜻을 붙드셨습니다. 두 주인(하나님과 재물)을 섬길 수 없다는 진리를 삶으로 보여주신 것입니다.

영적 원리는 단순합니다. 보이는 것보다 하나님의 말씀을 선택할 때 우리는 유혹에서 벗어날 수 있습니다. 안목의 정욕을 이기는 길은 하나님만을 주인으로 섬기는 삶입니다.

예수님의 광야 승리는 단순한 본보기가 아니라 우리의 대표로서 이루신 승리입니다. 첫 아담이 실패한 자리에서 마지막 아담이신 예수님이 인류를 대신해 완전한 승리를 이루셨습니다. 그분 안에서 하나님과의 관계가 회복되는 길이 열렸습니다. 그러므로 우리는 새로운 싸움을 시작하는 것이 아니라, 이미 승리하신 예수님 안에 거함으로 그 승리에 참여하는 것입니다. 우리의 영적 싸움도 예수님의 승리를 기반으로 하며, 그분의 말씀에 순종할 때 실제가 됩니다.

사탄의 모든 시험을 이기는 핵심 비결은 오직 말씀입니다. 예수님은 능력이나 감정, 의지가 아니라 "기록되었으되…"라는 말씀으로 유혹을 물리치셨습니다. 말씀 없이 살면 유혹을 분별하지 못하고 결국 멸망의 길을 향할 수밖에 없습니다. 그러나 말씀을 마음에 품으면 하나님 중심의 삶, 곧 생명나무의 길을 걷게 됩니다.

모든 문제의 근원은 상황이 아니라 하나님을 제대로 알지 못하는 마음에 있습니다. 그러므로 말씀 앞에서 회개하고, 그 말씀을 마음에 새기는 것이 영적 승리의 출발입니다.

믿음은 보이지 않는 것을 붙드는 삶입니다(히 11:1). 하나님이 약속하신 것을 이미 받은 것처럼 확신하며, 보이지 않아도 그 말씀이 현실임을 믿는 태도가 믿음입니다. 이런 믿음을 가진 사람이 시험을 이깁니다. 예수님이 걸어가신 길이 바로 이 믿음의 길이며, 생명나무의 길입니다.

거룩한 삶은 육신의 정욕, 안목의 정욕, 이생의 자랑이라는 선악과의 길을 끊고 하나님의 생명을 선택하는 삶입니다. 성화는 우리가 선악과를 끊을 때마다 조금씩 이루어집니다. 하나님께서 이스라엘 백성에게 40년 광야를 허락하신 것처럼, 우리도 모든 정욕을 한 번에 끊을 수 없기에 광야 연단을 허락하셨습니다. 이 좁은 길은 쉽지 않지만, 예수 그리스도의 생명에 참여할 때 믿음이 자라고 성화가 깊어집니다. 그리고 이 모든 과정의 핵심은 회개입니다. 말씀이 우리를 비출 때 상한 심령으로 회개가 일어나는 순간, 성령님은 그 자리에서 새 언약을 실제로 이루어 가십니다.

④ 새 언약과 성령 안에서 이기는 길

새 언약은 우리가 예수님처럼 시험 가운데 승리할 수 있도록 하나님이 준비하신 은혜의 길입니다. 옛 언약에서는 말씀이 돌판에 새겨졌지만, 새 언약에서는 성령께서 말씀을 우리의 마음에 새기십니다.

하나님이 "내 법을 그들의 속에 두고 마음에 기록하겠다"(렘 31:33)고 하신 것은 더 많은 규칙을 주시겠다는 뜻이 아닙니다. 우리의 마음을 새롭게 하셔서, 말씀을 사랑하고 그 길을 기쁘게 선택할 수 있는 사람으로 변화시키겠다는 약속입니다.

우리는 타락한 본성 때문에 선악과를 선택하는 쪽으로 기울어져 있습니다. 그러나 새 언약은 이 마음 자체를 변화시키는 은혜입니다. 성령께서 말씀을 마음에 새기심으로, 우리의 옛 성품은 십자가 앞에서 내려놓아지고, 점점 예수님의 마음과 성품으로 바뀌어 갑니다. 이는 단순히 "더 노력하라"는 요구가 아니라, 예수 그리스도와의 연합 안에서 새 사람이 되게 하시는 하나님의 역사입니다.

성령님은 말씀을 기억나게 하시고, 순종하고 싶은 마음을 주시며, 실제로 순종할 힘까지 공급하십니다. 그렇기 때문에 새 언약의 삶은 억지로 참고 따르는 신앙이 아니라, 변화된 마음에서 흘러나오는 자원하는 순종입니다.

시험 중에도 우리가 말씀을 붙들 수 있는 이유는 성령님의 도우심 때문입니다. 예수님이 광야에서 "기록되었으되…"로 승리하신 것처럼, 우리도 성령께서 마음에 새기신 말씀으로 승리할 수 있습니다.

결국 새 언약은 성령께서 말씀을 마음에 새기시고, 우리는 그 말씀을 따라 살아가는 삶입니다. 선악나무와 생명나무 앞에서 반복되는 우리의 선택 속에서 믿음은 정금처럼 연단되고, 우리는 점점 생명의 길을 더욱 기꺼이 선택하는 사람으로 성화되어 갑니다.

3. 믿음의 정금화

'정금화'는 믿음을 불순물 없는 순금처럼 맑고 단단하게 만드는 과정입니다. 금광석은 처음부터 반짝이는 순금이 아닙니다. 돌과 흙, 불순물이 섞여 있습니다. 그것을 불에 넣어 뜨겁게 달구면 불순물은 녹아 없어지고 점점 순수한 금만 남습니다. 이 과정을 여러 번 거쳐야 정금이 됩니다.

우리의 믿음도 처음에는 마음과 육체에 죄가 그대로 남아 있어 불순물이 섞여 있습니다. 하나님께서 고난과 시련, 연단이라는 불을 허락하실 때, 그 안에서 죄의 불순물들이 드러나고 벗겨집니다. 시간이 지날수록 믿음은 점점 순수해지고, 하나님만 의지하는 모습으로 변화됩니다. 욥기 23장 10절에서 "나를 단련하신 후에는 내가 정금같이 나오리라"고 고백한 것처럼, 연단은 불순물을 제거하여 순결하고 견고한 믿음으로 빚어 주십니다. 시편 66장 10-12절은 이렇게 증언합니다.

"하나님이여 주께서 우리를 시험하시되 우리를 단련하시기를 은을 단련함같이 하셨으며, 우리를 끌어 그물에 걸리게 하시며 어려운 짐을 우리 허리에 매어 두셨으며, 사람들이 우리 머리를 타고 가게 하셨나이다. 우리가 불과 물을 통과하였더니 주께서 우리를 끌어내사 풍부한 곳에 들이셨나이다."

또한 이사야 43장 2절은 극심한 시련 속에서도 하나님께서 함께하심을 약속합니다.

시편 66장 10-12절과 이사야 43장 2절은 하나님께서 우리의 연단 과정 속에서도 함께하시며, 고난을 통해 우리를 다듬으신다는 사실을 보여줍니다. 하나님은 때로 우리를 시험하시고 어려움 속에 두시지만, 그 모든 과정은 우리의 믿음을 정금처럼 정화하고, 영적 성숙으로 이끄시는 연단의 영역임을 알 수 있습니다. 이제 이 말씀을 바탕으로, 연단이 우리의 삶 속에서 어떻게 구체적으로 나타나는지 살펴보겠습니다.

첫째, 연단은 크게 그물, 허리, 머리의 영역으로 이해할 수 있습니다. 저는 그물을 물질적 연단, 허리를 육체적 연단, 머리를 정신적 연단으로 한정하여 말씀드리겠습니다.

먼저 물질적 연단입니다. 물고기가 그물에 걸려 자유를 빼앗기듯, 인간도 종종 소유와 물질에 얽매여 자유를 잃습니다. 우리는 가진 것들을 자신의 힘과 권리 안에서 통제하려는 마음을 갖기 쉽지만, 사실 나의 생명과 소유의 진정한 주인은 하나님이십니다.

광야 연단과 훈련을 통해 하나님은 우리의 소유와 재정을 제한하시고, 때로는 재정적 압박을 경험하게 하십니다. 이 과정을 통해 우리는 물질에 대한 욕심과 집착을 내려놓는 법을 배우게 됩니다. 하나님께서 공급자이심을 고백하고, 소유를 내려놓을 때 비로소 자유와 평안을 누릴 수 있습니다. 결국 그물에 걸린 것처럼 느껴지는 우리의 모든 소유와 권리를 하나님께 온전히 맡길 때 물질에서 자유할 수 있습니다.

　　　　　　　　　　그리스도의 심판대와 성화

둘째, 허리에 무거운 짐은 질병을 상징합니다. 허리는 힘과 생명의 중심입니다. 우리의 일상과 활동, 생존의 근거가 되는 부분입니다. 따라서 허리에 무거운 짐이 있다는 것은 육체적 약화, 질병, 한계 체험을 상징합니다. 인간은 흔히 자신의 건강과 힘을 자아의 기반으로 삼고, 그것으로 자신을 세우려 합니다.

그러나 하나님은 때때로 우리의 건강과 힘조차 흔들어, 자기 힘에 의지하는 교만을 깨뜨리십니다. 질병과 연약함을 통해 우리는 자신의 한계를 분명히 깨닫게 됩니다. 결국 모든 생명과 힘이 하나님의 은혜임을 고백하게 됩니다. 이 과정에서 자아를 내려놓고 하나님을 의지할 때, 비로소 겸손과 순종의 삶에 들어가게 됩니다.

셋째, "사람을 우리 머리 위에 타게 하셨다"는 말씀은 정신적 고통과 억압을 상징합니다. 머리는 생각과 정신, 존재와 인격의 중심입니다. 여기에 사람이 올라탔다는 것은 굴욕, 수치, 억압, 정신적 부담을 의미합니다. 하나님은 때때로 우리의 자존심과 명예, 자기중심적 사고를 무너뜨려, 우리가 생각의 통치권을 하나님께 맡기도록 이끄십니다.

머리 연단을 받을 때 우리는 겸손하게 자기 부인의 자리로 나아가야 합니다. 우리의 생각과 판단까지 하나님께 맡기고 말씀에 순종할 때 비로소 정신적인 연단이 이루어집니다. 결국 머리 연단은 우리 존재의 중심을 하나님께 드리고, 생각과 마음까지 하나님의 주권 아래 두는 훈련입니다.

저 역시 혈육과 가까운 사람들을 통해 자존심이 깊이 흔들리는 머리 연단을 경험한 적이 많습니다. 그때는 자존심을 지키고 싶은 말이 마음속에서 솟구쳤지만, 하나님께서는 제 입을 막았습니다. 제가 할 수 있었던 것은 억울하고 속상한 마음을 하나님께 쏟아놓으며 기도하는 것뿐이었습니다. 그 과정에서 하나님께서는 이것이 저의 교만을 드러내고 회개시키기 위해 허락된 일임을 깨닫게 하셨습니다. 그때 주님 앞에 저는 항복하고 이렇게 기도했습니다. "주님, 제 교만 죄로 인해 상대가 죄에 넘어지게 된 것을 용서해 주세요." 그렇게 기도하자, 주님께서 상대에 대한 좋지 않은 감정을 없애 주셨고, 그 기억까지 흐려지게 해주셨습니다.

머리 연단은 그물 연단과 허리 연단보다 더 받기 어렵습니다. 사람들에게 무시당하고 자존심이 상할 때, 우리는 "내가 죽고 내 안에 그리스도가 사신다"라고 믿음의 선포를 해야 합니다. 자존심을 십자가에 못 박고 주님을 의뢰할 때, 주님께서 원수의 목전에서 상을 베풀어 주십니다.

넷째, 불과 물은 인생의 극심한 시험을 묘사합니다. 또한 물과 불은 정결과 연단을 상징합니다. 물은 겉의 더러움을 씻는 정결을 의미하며, 불은 고난 가운데 내면의 죄성과 성품을 태워 정화하는 연단을 의미합니다. 이 둘은 서로 대립되지 않고, 함께 이루어지는 정결의 과정입니다.

민수기 31장 23절에서 하나님께서는 "불로 지나게 하거나 물로 씻으라"고 하셨습니다. 말씀의 물은 우리의 겉모습을 씻어주시고, 성령의 불은 내면을 단련하여 정화시켜 주십니다. 하나님은 우리의 겉만 아니라 속까지 예수님의 형상으로 만드시길 원하십니다.

하나님께서는 우리를 시험 속에 홀로 버려두지 않으시고 함께 하십니다. 성령으로 연단을 받은 후에는 더 넓은 은혜의 자리로 인도하십니다. 하나님께 부르심을 받은 영혼이라면 누구도 이러한 연단을 피할 수 없습니다. 사람은 말씀만 들어서는 쉽게 자아를 내려놓지 못하지만, 연단의 과정을

 그리스도의 심판대와 성화

통해 자신의 한계를 깨닫고 하나님께로 돌아오게 됩니다. 연단은 죄에 대한 징계와 심판 곧 자아를 하나님 앞에서 죽게 만드는 수단입니다. 그러나 여기서 끝나는 것이 아니라 새 생명으로 거듭나는 길이 열립니다.

불과 물의 연단과 훈련을 받을 때 배후에서 사탄이 역사하기도 합니다. 이때 사람마다 반응은 다릅니다. 어떤 이는 성령 안에서 믿음으로 견디며 정금같이 나오고, 어떤 이는 자기 힘으로 버티며 연민과 원망 속에서 어려워합니다. 그러나 하나님은 각 사람에게 믿음의 분량에 맞는 연단을 허락하십니다. 감당할 수 없는 시험은 허락하지 않으십니다(고전 10:13). 하나님은 시험을 통과할 수 있도록 피할 길과 감당할 은혜를 동시에 주십니다. 그러므로 어떤 고난도 믿음의 훈련 장으로 받아들이고 오직 주님만 의지해야 합니다.

바울은 "그러므로 누구든지 자기를 깨끗하게 하면 귀히 쓰는 그릇이 되어 거룩하고 주인의 쓰심에 합당하며 모든 선한 일에 준비함이 되리라"(딤후 2:21)고 증언합니다. 연단과 훈련의 목적은 우리를 깨끗하게 하여 쓰임받는 그릇으로 빚으시기 위함입니다. 고통은 믿음을 연마하고, 연단은 성품을 다듬어 결국 우리는 성숙한 인격과 순종의 사람으로 세워집니다. 고통의 시기에는 불평과 원망보다 "하나님, 이 과정을 통해 저를 정결하게 하시고 주님의 뜻에 합당한 그릇으로 빚어 주옵소서"라고 기도해야 합니다. 연단은 하나님의 손안에서 새롭게 빚어지는 재창조의 과정입니다.

40년 광야에서 애굽의 근성과 교만을 깨뜨림 받고 온유한 지도자로 세워진 모세, 억울한 감옥살이 속에서 용서와 인내를 배워 총리의 자리로 세워진 요셉, 사울에게 쫓기며 하나님만 의지하는 신앙으로 다듬어진 다윗의 공통점이 있습니다. 이들은 하나님이 허락한 고난이 끝난 후 큰 사명을 감당할 수 있었습니다. 이와 같이 우리도 연단과 훈련의 과정에서 정금 같은 믿음으로 성화 되면 하나님께 영광을 돌리는 삶을 살 수 있습니다.

그리스도의 심판대와 성화

4. 징계와 연단의 차이

징계(교정)의 목적은 죄에서 돌이키게 하고, 공동체와의 관계 또는 하나님과의 관계를 회복시키기 위함입니다. 죄에 대한 하나님의 공의적 교정입니다. 우리가 잘못된 길을 갈 때 하나님은 매를 드서서 바른 길로 돌이키게 합니다(히 12:11). 징계는 잘못을 바로 잡기 위한 하나님의 교정입니다. 징계는 회복과 순종을 목표로 합니다.

금속을 불에 넣으면 먼저 가장 큰 불순물이 드러납니다. 징계는 마치 하나님께서 명백한 죄(내가 알고도 지은 죄)를 드러내서서 깨닫게 하시고, 회개하도록 이끄시는 과정입니다. 불순물을 걸러내어 금이 드러나는 정금화의 첫 단계라고 할 수 있습니다.

연단은 금을 정제하여 내적 자아를 다루는 것입니다. 금은 불순물을 여러 번 태워내야만 순수한 정금이 됩니다. 연단은 원죄와 타락한 정욕, 교만, 탐욕, 자기 의 등 자아를 십자가에 못 박고 예수님의 성품으로 빚어 가는 과정입니다. 하나님께서 풀무불의 연단을 허락하실 때 그 안에서 교만, 태만, 음란, 질투, 아집, 포학, 거짓의 죄성과 애정과 욕망, 자기중심성의 모든 불순물들이 드러나고 벗겨집니다.

연단의 목적은 믿음을 정금처럼 순수하게 하여 성품과 인격을 변화시키는 것입니다. 그 결과 정금화의 완성 단계로 하나님의 형상을 닮아 그리스도와 연합합니다. 징계는 알고 지은 죄 즉 자범죄를 제거하는 첫 불순물 태우기라면, 연단은 원죄와 타락한 정욕의 뿌리까지 성령의 불로 태워 순금처럼 성품을 빚어가는 정금화의 완성입니다. 징계와 연단 둘 다 회개와 자아포기를 통해야만 통과할 수 있습니다. 징계는 드러난 죄를 회개하고 돌이키면 끝나지만, 연단은 자아를 완전히 죽여야만 성품의 변화가 일어 남으로 끝나게 됩니다.

그리스도의 심판대와 성화

5. 광야 연단과 심판대의 연결

(1) 광야는 하나님의 백성을 연단하는 자리

이스라엘 백성은 출애굽 후 곧바로 가나안에 들어가지 않았습니다. 하나님은 그들을 40년 동안 광야에서 연단과 훈련을 시키셨습니다. 광야는 물도, 먹을 것도 부족한 척박한 곳이었지만, 하나님은 하늘에서 만나를 내려주시고, 반석에서 물을 내어 그들을 먹이셨습니다. 그곳에서 이스라엘 백성은 하나님의 말씀을 의지하며 순종하는 법을 배워야 했습니다.

광야는 인간의 힘으로는 살 수 없는 곳입니다. 그래서 하나님은 그곳에서 이스라엘 백성의 자아를 꺾고, 자신의 주권과 은혜로만 살아가야 함을 가르치셨습니다. 광야는 고통스럽지만, 동시에 하나님의 백성을 빚는 자리입니다. 그곳에서 불평은 내려놓고, 하나님의 공급과 인도하심을 신뢰하는 훈련이 이루어집니다.

신약 시대를 사는 성도 역시, 세상 속에서 광야와 같은 거룩한 연단의 삶으로 부르심 받았습니다. 우리는 아직 영원한 안식의 땅 천국에 들어가기 전이기에, 이 땅에서 믿음의 훈련을 거쳐야 합니다. 지금 우리가 살아가는 인생의 길 자체가 바로 하나님의 훈련장 즉 광야학교입니다. 광야학교의 수업은 눈에 보이지 않지만, 그 안에는 하나님이 주시는 영적 교훈이 가득합니다.

하나님의 백성이 광야학교를 다닌다는 것은 곧 다음과 같은 연단과 훈련 속에 있다는 뜻입니다. 믿음 안에서 세상 속을 살아가는 거룩한 구별의 훈련입니다. 죄에 넘어질 때마다 회개하고 다시 예수 그리스도를 바라보는 훈련입니다. 모든 것이 내 것이 아니라 하나님의 것임을 인정하는 청지기의 삶입니다. 성령님께 매일 말씀을 레마로 받아 먹고, 그 말씀에 순종하는 훈련입니다. 날마다 자아를 부인하고 겸손을 배우는 훈련입니다. 이 모든 과정을 통과하면서 우리는 하나님의 사람으로 다듬어지고 성숙해집니다.

광야는 저주가 아니라 약속의 땅으로 가는 통로입니다. 그곳에서 하나님은 우리의 신앙을 새롭게 세우시고, 불순물을 태워내시며, 그분만이 진정한 생명의 근원이심을 깨닫게 하십니다. 광야의 시간은 힘들지만, 그 시간을 통과한 사람만이 가나안의 믿음을 가질 수 있습니다.

오늘도 하나님은 우리를 각자의 광야로 부르십니다. 그곳은 외로움의 자리일 수도 있고, 시험의 자리일 수도 있습니다. 하지만 그 자리는 동시에 하나님을 깊이 만나는 자리입니다. 그러므로 광야를 두려워하지 마십시오. 그곳은 하나님이 우리를 버리신 곳이 아닙니다. 하나님은 우리를 연단과 훈련으로 빚으시고, 그리스도의 성품으로 세워 가시는 사랑의 자리입니다.

(2) 심판대는 광야 연단의 결과를 드러내는 자리

이스라엘 백성은 출애굽하여 광야로 나왔지만, 애굽의 습성과 불신앙을 버리지 못한 출애굽 1세대는 믿음으로 순종하지 못해 약속의 땅에 들어가지 못했습니다(히 3:17-19). 반면 광야에서 태어나 하나님께 연단과 훈련받은 2세대만이 가나안 땅에 들어갔습니다. 이는 광야로 나왔다고 해서 모두 약속의 땅에 들어가는 것이 아니라 믿음으로 순종한 자만이 약속의 성취를 누린다는 사실을 보여줍니다.

하나님께서 출애굽 1세대를 광야에서 죽게 하신 것은 그들의 죄성과 세상적(애굽적) 사고방식을 제거하기 위한 영적 상징입니다. 반대로 광야에서 태어난 2세대가 가나안에 들어간 것은 새 생명으로 거듭난 자 즉 자아가 죽고 하나님의 말씀(만나)과 성령의 생수(반석에서 흘러나온 물)로 새롭게 된 자만이 하나님의 약속을 누릴 수 있음을 보여줍니다.

물론 광야 1세대 중에도 예외는 있었습니다. 여호수아와 갈렙처럼 믿음으로 하나님께 순종한 자들은 하나님의 뜻에 합당하여 가나안에 들어갔습니다. 그러나 악을 즐기고 우상 숭배하며 음행하고, 주를 시험하고 원망했던 자들은 대부분 광야에서 멸망 당했습니다(고전 10:5-10). 이 사실은 광야 1세대이든 2세대이든 결국 여호수아와 갈렙처럼 믿음으로 순종한 자들만이 약속의 땅(천국)에 들어간다는 것을 보여줍니다. 반대로 탐욕과 교만으로 하나님의 말씀을 믿음으로 받아들이지 못한 자들은 광야에서 버림받게 된다는 중요한 영적 교훈을 전해줍니다.

오늘날 구원받은 우리도 세상(애굽)을 떠나 광야의 여정을 걷는 하나님의 백성입니다. 우리가 이 땅을 살아가는 동안 겪는 믿음의 싸움, 자아를 버리고 말씀에 순종하는 훈련, 성령의 인도에 민감하게 반응하는 삶은 모두 광야학교의 과정입니다. 그러나 광야에 나왔다고 해서 모두 약속의 땅(천국)에 들어가는 것은 아닙니다. 하나님의 택하심은 성령 안에서 믿음과 순종으로 드러나며, 참된 구원은 출애굽에서 끝이 아니라 끝까지 믿음으로 걷는 광야 여정 속에서 확증됩니다.

모든 성도는 그리스도의 심판대 앞에서 이 땅에서 행한 믿음의 삶을 평가받게 됩니다(고후 5:10). 이 심판은 구원의 여부를 결정하는 심판이 아니라, 이미 구원받은 성도들이 그 믿음의 순종과 충성에 따라 칭찬과 상급 혹은 책망과 손실을 받는 자리입니다(고전 3:13-15).

결국 광야에서의 믿음으로 순종하는 삶의 태도가 약속의 땅에 들어가는 결과를 결정했듯이, 우리의 지상 삶의 태도 역시 그리스도의 심판대에서의 평가로 드러나게 됩니다. 광야의 삶은 결코 헛되지 않습니다. 하나님은 우리의 믿음과 순종을 다 보고 계십니다. 그리스도의 심판대는 그 모든 훈련의 결과가 드러나는 영광의 자리이자 책임의 자리입니다. 지금의 광야가 힘들지라도 있는 곳에서 하나님의 말씀을 신뢰하고 순종으로 반응한다면 그날 주님께서 "잘하였다, 착하고 충성된 종아"라고 칭찬하실 것입니다.

(3) 광야와 심판대는 연결됨

광야는 지금 우리가 살아가는 신앙의 현장입니다. 그리고 심판대는 그 삶 속에서 쌓인 믿음과 순종의 열매가 드러나는 자리입니다. 즉 광야에서의 연단은 곧 심판대의 결과와 직접 연결됩니다. 광야는 천국 백성답게 준비되는 시간이자, 하나님과 동행하는 법을 배우는 거룩한 학교입니다(신 8:2, 고후 5:10).

우리의 신앙생활은 하나님께서 직접 다루시고 훈련하시는 광야학교입니다. 그러나 모든 사람이 자동으로 이 훈련 안에 들어오는 것은 아닙니다. 성경은 믿음의 성장 단계를 아이, 청년, 아비로 설명합니다(요일 2:12-14).

하나님은 각 사람을 가장 선한 시기에 광야로 부르십니다. 신앙생활을 오래 했어도 회개와 순종 없이 세상의 방식으로 살면 여전히 옛 삶의 자리에서 머무를 수 있습니다. 또한 고난을 겪는다고 모두 광야에 들어온 것은 아닙니다. 개인적 죄나 잘못된 선택, 세상의 악으로 인해 생긴 고통일 수 있기 때문입니다. 광야의 핵심은 고난 그 자체가 아니라, 그 속에서 하나님께서 우리의 내면을 다루시는가에 있습니다(히 12:5-6).

진정으로 광야에 선 사람들은 분명한 특징이 있습니다. 그들은 회개하는 삶을 살며, 날마다 성령께서 주시는 생명의 말씀을 먹고 살아갑니다. 말씀과 성령의 빛 안에서 자신을 돌아보고, 드러난 죄와 자아를 즉시 인정하며 내려놓습니다. 하늘의 만나를 먹듯이 말씀을 소리 내어 읽고 묵상하며 성령님과 교제 속에 순종을 배웁니다. 그리고 가정과 교회 공동체에서 아가페 사랑을 실천합니다. 시험 속에서도 오직 하나님만 붙드는 믿음을 훈련해 갑니다(엡 4:23-24, 요 6:57).

이 광야학교는 고난의 장소가 아니라, 하나님께서 우리를 다듬어 하나님의 사람으로 세우시는 거룩한 자리입니다(히 12:10-11). 성령 안에서 쌓이는 믿음과 순종의 열매는 그리스도의 심판대 앞에서 칭찬과 상급으로 나타납니다. 반대로 게으름과 불순종으로 보낸 삶은 책망과 손실로 드러납니다. 입술로만 고백하고 죄를 내려놓지 않는 신앙은 아무 유익이 없습니다(고전 3:13-15, 약 2:26).

그러나 성령의 인도에 따라 깨어 있는 성도는 연단을 통해 마음과 삶이 다듬어지며, 아름다운 열매를 맺습니다. 회개 없는 고난은 헛된 고생이지만, 회개하며 받는 연단은 생명을 낳습니다(약 1:2-4).

광야와 심판대는 서로 분리된 두 단계가 아니라 한 줄기에 있는 하나님의 구원 여정입니다. 하나님은 영이십니다. 그래서 우리의 마음과 중심을 살피시고 다루십니다. 참된 예배와 교제는 외형이 아니라, 우리의 영이 하나님과 실제로 만나는 자리에서 이루어집니다(요 4:24).

예수 그리스도를 믿어 거듭날 때 성령님은 우리 안에 내주하십니다. 그때부터 죽어 있던 영이 살아나 하나님과 소통하게 됩니다. 성령께서 우리의 영과 하나님의 영을 연결하시며 기도, 말씀의 깨달음, 평안, 죄에 대한 민감함으로 하나님과의 교제가 드러납니다. 이 영적 교제가 바로 성화의 핵심입니다(겔 36:26-27, 롬 8:14-16).

광야의 연단은 단지 외부 환경의 시험을 말하지 않습니다. 성령께서 우리의 내면의 불순종과 교만을 드러내시고 회개로 이끄시는 내적 심판의 과정입니다. 이는 우리를 버리기 위한 심판이 아니라, 정결케 하기 위한 은혜로운 심판입니다(벧전 4:17, 고전 11:32).

그러므로 지금의 광야는 이미 하나님의 심판대 앞에서 살아가는 시간입니다. 광야는 심판대를 향한 여정이고, 심판대는 광야에서의 삶이 완성되는 자리입니다. 이 땅에서 다 이루지 못한 성화의 여정은 심판대에서 완전히 드러나 정리될 것입니다. 그 자리에서 하나님은 남은 불의와 왜곡을 제거하시고, 우리의 인격을 온전히 그리스도의 형상으로 세우십니다(빌 1:6).

그러므로 광야에서의 책망과 징계를 두려워할 필요가 없습니다. 그것은 멸망을 위한 것이 아니라, 우리를 거룩으로 이끄는 하나님의 사랑입니다. 광야는 심판의 시작이며, 심판대는 광야의 완성입니다. 이 여정 전체가 하나님의 은혜 안에 있습니다(롬 8:1, 요일 4:17-18).

4부

택함받은 자와 타락한 자

1. 구원의 은혜와 선택의 시작

1) 부르심과 택하심

하나님은 모든 사람을 복음으로 부르십니다. 예수님은 누구든지 구원의 잔치에 초대받을 수 있도록 문을 열어 두셨습니다. 이것이 부르심입니다.

"청함을 받은 자는 많되…"(마 22:14).
"하나님은 모든 사람이 구원을 받으며 진리를 아는 데 이르기를 원하시느니라"(딤전 2:4).

하지만 부름을 받았다고 해서 모두가 그 초대에 응답하는 것은 아닙니다. 어떤 사람은 믿고 순종하며 하나님께 나아오지만, 어떤 사람은 아무 반응 없이 등을 돌립니다. 그렇기 때문에 성경은 부르심 받은 사람들 가운데서 끝까지 믿음으로 응답 하여 구원에 이른 자를 택하심을 받은 자라고 부릅니다.

택하심은 우리의 능력이나 자격이 아니라 하나님의 은혜와 사랑에 기초한 주권적 선택입니다. 하나님은 미리 아시고 계획하신 뜻 안에서 믿음으로 응답하는 자들을 붙드시고 끝까지 인도하십니다(롬 8:28-30). 즉 부르심은 누구에게나 열려 있는 구원의 초대이고, 택하심은 그 초대에 믿음으로 응답하여 끝까지 따르는 자입니다. 하나님의 부르심으로 시작된 은혜가 결국 택하심의 열매로 완성되는 것입니다.

2) 좁은 문, 기드온의 300용사, 열 처녀 비유의 교훈

(1) 좁은 문과 넓은 문 (마 7:13-14)

예수님은 생명으로 인도하는 길을 좁은 문에 비유하셨습니다. 좁다는 것은 단지 공간이 좁다는 뜻이 아닙니다. 그 길은 압박과 제약, 자기 부인과 순종이 필요한 길입니다. 여기서 압박은 내 뜻과 하나님의 뜻이 부딪힐 때 느끼는 내면의 갈등과 눌림을 의미합니다. 내가 원하는 것을 내려놓고 하나님의 뜻을 따르려 할 때 마음이 답답하고 힘들 수 있습니다. 또 제약은 하고 싶은 대로, 말하고 싶은 대로 하지 못하고 하나님의 말씀에 따라 행동이 제한되는 것을 뜻합니다.

이 길은 편하지 않지만, 그 과정을 통해 우리는 자아를 내려놓고 참된 자유와 생명으로 이르는 길을 배우게 됩니다. 육신이 외롭고, 힘들고, 세상의 길과 반대 방향으로 걸어야 하기 때문에 때로는 힘들 때도 있습니다. 그러나 그 끝에는 생명과 하나님의 나라가 있습니다. 좁은 길은 눈물의 길 같지만, 결국 하나님이 예비하신 참된 내적 기쁨과 영원한 안식으로 이어집니다.

반대로 넓은 문은 편하고 많은 사람이 따르는 길입니다. 겉으로 보기엔 여유롭고 자유로워 보이지만, 그 끝은 멸망과 공허로 끝납니다. 세상은 편한 길을 선택하라 하지만, 하나님은 생명의 길을 선택하라고 말씀하십니다. 그래서 예수님은 "좁은 문으로 들어가기를 힘쓰라"(눅 13:24)고 하셨습니다. 좁은문은 나의 모든 소유권을 주님께 내어드리지 않으면 들어갈 수 없습니다. 좁은 문은 날마다 자기를 부인하고 자기 십자가를 지고 말씀을 믿음으로 순종하는 사람만이 들어갈 수 있는 문입니다.

좁은 길은 영적 싸움과 결단의 길입니다. 좁고 협착한 이 길은 결코 쉬운 길이 아닙니다. 그러나 이 길은 하나님이 함께하시는 길이며, 하늘의 생명과 연결된 길입니다. 그러므로 오늘도 우리는 세상의 넓은 길이 아닌, 예수님이 걸어가신 좁은 길을 믿음으로 선택해야 합니다.

하나님은 모든 사람을 구원의 초대로 부르십니다. 이것이 복음의 보편적 은혜입니다. 그러나 많은 사람이 넓은 길을 택합니다. 그 길은 자기를 부인하지 않아도 되고, 고난이 없으며, 세상적 안락을 유지할 수 있습니다. 하지만 그 끝은 영혼의 멸망입니다.

반면 택하심 받은 자들은 좁은 길을 걷습니다. 이들은 스스로의 의지로 아니라, 하나님의 은혜로 붙들린 자들입니다. 그래서 세상과 타협하지 않고 끝까지 믿음을 지킵니다. 좁은 문은 단지 어려운 길이 아닙니다. 그 본질은 그리스도 자신입니다. 예수님은 "내가 문이니 누구든지 나로 말미암아 들어가면 구원을 얻고"(요 10:9)라고 하셨습니다. 즉 좁은 문은 예수 그리스도와의 인격적 연합을 의미합니다. 이 길은 십자가 하나만 지고 갈 수 있으며, 세상을 살아가는데 꼭 필요한 공급은 주님으로부터 받습니다.

좁은 문은 자기중심적 자아가 통과할 수 없는 문입니다. 이 문은 자기 부인의 문, 순종의 문 그리고 성령 안에서 새 사람으로 거듭나는 문입니다. 자신의 뜻, 자존심, 욕망, 세상의 가치가 남아 있으면 그 문은 너무 좁아서 들어갈 수 없습니다. 좁은 문은 그저 '도덕적으로 착한 삶'을 말하지 않습니다. 그 문은 자신의 소유권을 다 내려놓고 자신의 왕좌에서 내려와 예수님을 주인으로 모시고 섬기는 길입니다. 그래서 예수님은 부자 청년에게 이렇게 말씀하셨습니다.

여기서 '보화'는 예수 그리스도의 생명을 의미합니다. 즉 마음으로 집착하는 세상의 소유를 내려놓을 때, 예수 그리스도의 생명과 연합할 수 있다는 뜻입니다. 예수님은 부자 청년의 '재물'을 문제 삼으신 것이 아니라, 그 재물이 마음의 주인이 되어 있던 상태를 드러내신 것입니다. 그 청년은 도덕적으로 선하고, 율법을 지키며, 겉으로는 경건해 보였습니다. 하지만 마음의 중심에는 하나님보다 더 사랑하는 것이 있었습니다. 그것이 바로 자기 소유 즉 자아의 집착이었습니다.

그는 결국 근심하며 떠났습니다. 왜냐하면 그의 마음이 두 주인을 섬기고 있었기 때문입니다(마 6:24). 결국 예수님이 말씀하신 좁은 문은 외적인 모든 것을 버려야만 들어가는 문이 아니라, 마음의 주인이 바뀌어야 들어가는 문입니다.

내가 내 인생의 주인으로 남아 있는 한, 그 문은 결코 열리지 않습니다. 그러나 내 자아의 소유를 주님께 드릴 때, 비로소 하늘의 보화 곧 예수 그리스도의 생명이 영 뿐만 아니라 혼에도 임합니다. 반대로 넓은 문은 세상과 타협하며 편한 믿음을 따르는 삶을 뜻합니다. 겉으로는 종교적이지만, 속에는 자기중심적 신앙과 육적 안일함이 자리합니다. 이 길을 가는 사람들은 많습니다. 왜냐하면 자기 소유를 버리지 않아도 되고, 더 많이 누리며 살 수 있기 때문입니다. 이 길은 자기희생이 필요 없고, 거절당하지 않으며, 세상과 잘 어울리는 길입니다. 그러나 그 끝에는 영적 공허와 멸망이 기다리고 있습니다.

부자 청년의 이야기는 좁은 문 앞에서 멈춘 사람의 모습입니다. 그는 예수님을 존경했지만, 그분께 순종하지는 못했습니다. 좁은 문은 주님을 따르는 결단의 자리이며, 그 문을 통과하는 자만이 하늘의 생명 곧 예수 그리스도 자신을 얻는 복을 누립니다.

복음의 부르심은 모든 사람에게 열려 있습니다. 그러나 택하심은 하나님의 은혜로 끝까지 믿음 안에 붙들린 자에게 확증됩니다. 좁은 문을 통과한다는 것은 "내가 아니라, 오직 그리스도께서 내 안에 사시는 삶"(갈 2:20)을 사는 것을 의미합니다. 좁은 문은 한 번의 선택이 아니라, 매일의 결단과 순종의 길입니다. 예수님을 따르는 제자는 날마다 자기를 부인하고 자기 십자가를 지고 좁은 길을 걸어야 합니다(눅 9:23). 이 길은 고난의 길이지만, 동시에 진정한 자유와 생명의 길입니다.

(2) 기드온의 300 용사 (삿 7장)

이 원리는 사사기 7장의 기드온 이야기에서도 드러납니다. 미디안과 싸우기 위해 모인 3만 2천 명 중 하나님은 먼저 두려워 떠는 자들을 돌려보내셨습니다. 이는 신부로 부르심을 받았지만, 그리스도의 군사로 싸울 준비가 되지 않은 자들을 보여줍니다.

예수님도 "청함을 받은 자는 많되 택함을 입은 자는 적다"(마 22:14)고 하셨습니다. 영적으로 부르심을 받은 모든 사람이 택함을 받은 신부가 되는 것은 아닙니다. 믿음에 굳게 서지 못한 자들은 두려움에 사로잡혀 죄와 마귀를 이길 수 없습니다. 자신의 힘으로 싸우려는 자는 마귀가 주는 두려움에 패배할 수밖에 없습니다. 반면 믿음으로 영적 전쟁에 임하는 자들이 바로 하나님께 택함 받은 성도들입니다.

하나님은 남은 1만 명 중에서도 물 마시는 자세로 다시 시험하셨습니다. 얼굴을 물에 처박고 마신 자들은 환경과 욕망에 몰두하여 순간적 갈증만 채우려 했습니다. 이는 육적 충동과 자기중심적 태도를 드러냅니다. 그러나 손으로 물을 떠 절제하며 경계한 300명은 깨어 준비된 자들이었습니다.

결국 하나님은 숫자가 아닌 믿음을 보십니다. 욕망에 빠지지 않고 깨어 있으며, 자기 절제 속에 하나님만 의지하는 자들이 선택되었습니다. 승리는 사람의 능력이 아니라 여호와의 능력에 달려 있음을 보여주는 사건이었습니다. 따라서 기드온의 300 용사는 교회의 본질적 정체성을 드러냅니다. 겉으로는 많은 이가 부르심을 받지만, 실제로 하나님의 전쟁에 쓰임 받고 신부로 준비된 자들은 소수라는 것입니다.

부르심 받은 자들은 세 부류로 나뉩니다.

첫째, 믿음으로 깨어 있으며 자기 부인을 통해 하나님께 온전히 순종하는 자들입니다. 이들은 성령의 인도하심에 민감하며, 세상의 유혹보다 하나님의 뜻을 우선합니다. 광야의 연단 속에서도 믿음을 지키고, 끝까지 인내함으로써 성화된 이긴 자로 서게 됩니다.

둘째, 구원은 받았으나 믿음이 아직 어린 자들입니다. 이들은 환경에 쉽게 흔들리고, 두려움과 불안 속에서 하나님을 온전히 신뢰하지 못합니다. 때로는 세상의 염려와 사람의 시선에 눌려 신앙의 중심을 잃기도 합니다. 하지만 하나님은 이런 자들을 버리지 않으시고, 사랑의 징계와 연단으로 믿음을 자라게 하십니다.

셋째, 입술로만 주님을 고백하지만 실제로는 세상과 욕망에 묶여 살아가는 자들입니다. 이들은 신앙의 외형은 가지고 있으나 내면에는 성령의 생명이 없습니다. 자기 뜻과 세상의 가치가 중심이 되어, 결국 구원의 열매를 맺지 못하는 껍데기 신앙에 머물게 됩니다.

사랑하는 여러분, 지금 여러분의 믿음은 어느 부류에 속해 있습니까?

하나님은 단지 부르심에 머무는 자가 아니라, 끝까지 순종하며 변화되는 자 즉 택하심을 입은 자로 우리를 세우기를 원하십니다. 오늘도 성령께서 여러분의 마음을 새롭게 하시고, 믿음의 자리를 다시 굳게 세우시기를 예수님의 이름으로 축복합니다.

(3) 열 처녀 비유 (마 25장)

예수님은 열 명의 처녀가 신랑을 맞으러 나가는 비유를 말씀하셨습니다. 그들은 모두 등불을 가지고 있었지만, 준비의 차이가 있었습니다. 슬기로운 처녀들은 등불과 함께 여분의 기름도 준비했지만, 미련한 처녀들은 기름을 따로 준비하지 않았습니다.

성경에서 기름은 성령의 임재와 능력을 상징합니다. 그러나 이 비유에서 말하는 기름은 성령 자체라기보다, 성령의 조명 아래에서 말씀을 마음에 새기고 살아내는 힘을 뜻합니다. 성경의 말씀(로고스)은 기록된 말씀이고, 성령께서 지금 내게 깨닫게 하시는 말씀(레마)은 살아 있는 말씀입니다.

슬기로운 처녀들은 성령 안에서 말씀을 개인적으로 깨닫고, 그 말씀을 마음에 간직한 사람들이었습니다. 이것이 바로 기름을 준비한 삶입니다. 반대로 미련한 처녀들은 말씀을 지식으로만 알고, 성령을 통해 마음으로 새기지 못한 사람들이었습니다. 그래서 신랑이 늦어질 때, 그들의 등불은 점점 꺼져갔습니다.

예수님은 "새 포도주는 새 부대에 담아야 한다"고 하셨습니다. 이 말씀은 슬기로운 처녀의 비유와 같은 의미를 담고 있습니다. 새 포도주는 복음의 생명이며, 새 부대는 성령으로 새로워진 마음을 가리킵니다. 즉 옛 마음 곧 자아와 세상 욕심으로 가득한 마음에는 복음의 생명이 담길 수 없습니다. 오직 거듭난 마음, 성령께서 새롭게 하신 마음만이 말씀을 지키고 열매 맺을 수 있습니다.

그래서 우리에게는 성령의 기름이 꼭 필요합니다. 성령의 기름이 우리의 생각과 감정, 의지 안에 채워질 때 신앙은 형식이 아니라 살아 있는 믿음이 됩니다. 겉으로는 예배하고 봉사해도 성령의 기름이 없으면 내면은 점점 메말라지고 세상의 유혹에 쉽게 흔들립니다. 그럴 때 등불의 기름이 떨어지고, 영이 잠드는 신앙 상태가 됩니다. 등불을 밝히는 삶은 성령 안에서 말씀을 레마로 받는 삶입니다. 그럴 때 우리의 영은 깨어 있고, 마음은 새로워지며, 육체도 하나님의 뜻에 순복하게 됩니다.

세상에 마음을 빼앗기면 어둠이 마음을 지배하고 영은 잠듭니다. 하지만 성령 안에서 매일 말씀 읊조림과 묵상과 기도로 기름을 채우면, 영은 깨어 있고, 등불은 꺼지지 않습니다. 그래서 신앙의 핵심은 매일 말씀과 성령으로 자신을 채우는 것입니다. 겉으로 보이는 예배 참석에 머무는 것이 아니라, 말씀을 삶 속에서 적용하고, 회개하며, 주님과 인격적으로 교제하는 삶이 진짜 준비된 신앙입니다.

결론적으로 우리 모두가 부르심을 받았지만, 끝까지 준비한 사람만이 신랑 되신 예수님을 맞이할 수 있습니다. 슬기로운 다섯 처녀처럼, 매일 성령 안에서 깨어 기름을 준비하는 사람이 주님 다시 오실 때 밝은 등불로 주님을 맞이할 신부가 됩니다. 신앙생활의 목표는 예배에 참석하는 것에 그치지 않습니다. 말씀과 성령 안에서 매일 마음의 기름을 채우는 삶, 그것이 바로 예수님을 기쁘게 맞이하는 준비된 신앙의 길입니다.

2. 그 선택의 증거로서의 성화

1) 택하심은 성화로 드러남

하나님이 우리를 택하신 목적은 거룩함입니다. 처음 성령 받았을 때의 초기 구원은 신앙의 출발점이다. 하나님은 구원을 반드시 성화라는 방향으로 나아가도록 계획하셨습니다. 성화는 문자 그대로 "거룩하게 됨","하나님께 구별됨"을 의미합니다. 성화는 믿는 사람이 점차 하나님을 닮아가는 삶을 살아가도록 변화되는 과정을 가리킵니다.

성화는 예수 그리스도의 형상과 인격으로 변화되는 과정입니다. 여기서 형상과 인격은 구분해서 이해할 필요가 있습니다. 형상은 말씀을 믿음으로 받아들일 때 마음에 심겨지는 그리스도의 성품입니다. 인격은 그렇게 심겨진 형상이 삶 속에서 사고, 감정, 선택, 언행으로 실제 드러나는 모습입니다. 성화는 그리스도의 형상과 인격이 점점 일치하도록 성령께서 우리를 변화시키시는 과정입니다. 이 과정을 통해서 우리는 하나님 앞에서 점점 더 거룩하고 구별된 존재로 세워집니다.

성경은 택하심 받은 자는 반드시 성화로 이어진다고 선언합니다. 성화 없는 구원은 존재할 수 없습니다. 하나님께서 택하신 자들에게는 믿음의 반응과 지켜 행할 수 있는 지속적인 은혜를 공급하십니다. 성화는 한순간 완성되는 것이 아닙니다. 성령께서 날마다 역사하셔서 옛사람의 마음과 행실을 십자가에 못 박고 그리스도의 형상과 인격으로 다듬어 가시는 점진적 과정입니다. 이 과정 속에서 은혜를 받은 성도의 삶에는 사랑, 거룩,

선한 행실이라는 열매가 맺히게 됩니다(갈 5:22-23). 세상은 성령의 열매로 그가 참된 그리스도인임을 알게 됩니다.

택하심의 목적은 단지 개인의 구원에 있지 않고, 성도를 통해 하나님의 영광이 드러나게 하는 데 있습니다. 성화 된 삶은 세상 가운데 하나님 나라의 증거가 되며, 어두운 세상 속에서 빛과 소금의 역할을 감당하게 합니다(마 5:16). 택하심은 성화를 반드시 동반하며 성화는 열매로 나타납니다. 구원받은 성도의 삶은 시작에서 끝나지 않고, 반드시 변화와 열매로 이어져 '거룩하고 흠이 없게' 되는 길로 인도됩니다.

2) 성화 된 성도의 특징

성화 된 성도들은 영혼의 성전을 세워 그리스도와 연합한 자들입니다. 성화는 하나님의 말씀에 순종함으로 그리스도께서 내 안에 거하시는 거룩한 성전을 세워가는 과정입니다. 노아가 방주를, 모세가 성막을, 솔로몬이 성전을 세울 때 하나님이 주신 설계도대로 지었습니다. 이처럼 성화 된 성도는 자신의 영혼을 말씀의 설계도에 따라 세워가는 사람입니다. 이러한 성도에게서 나타나는 대표적인 특징은 성령 안에서 말씀에 순종하여 성령의 열매를 맺는 삶입니다.

(1) 말씀에 순종하여 성령의 열매를 맺음

"사람이 나를 사랑하면 내 말을 지키리니"(요 14:23).

성화 된 성도들은 말씀을 듣는 데서 멈추지 않고, 말씀을 레마로 받아 믿음으로 삶에 적용하는 자들입니다. 살아 있는 말씀은 단순한 지식이나 교훈이 아니라, 영혼의 성전을 세우는 기준과 방향이 됩니다. 하나님의 말씀에 따라 반응할 때, 성도는 점점 그리스도와 연합된 거룩한 삶으로 빚어집니다.

① 말씀의 권위를 인정

우리는 종종 자신의 경험이나 감정을 신앙의 기준으로 삼으려 하지만, 성화의 시작은 말씀의 권위를 인정하는 데 있습니다. 말씀 앞에서는 내가 옳다 주장하기보다, 말씀을 절대적 기준으로 삼아 내 생각을 낮추는 태도가 필요합니다. 말씀과 내 생각이 충돌할 때 "말씀이 옳습니다"라고 고백하며 자신을 굽히는 것이 순종의 출발점입니다.

이는 실제 삶 속에서 말씀의 우선권을 인정하는 자세입니다. 사람의 기준은 흔들리지만, 하나님의 말씀은 변치 않는 진리입니다. 예수 그리스도는 어제나 오늘이나 영원토록 동일하십니다. 성도가 주님의 말씀을 하나님의 권위로 받아들일 때 세상의 가치와 흐름 속에서도 흔들리지 않는 믿음 위에 굳게 서게 됩니다.

② 즉각적인 순종

성화 된 성도는 말씀을 들을 때 계산하거나 머뭇거리지 않고 즉시 반응하는 사람입니다. 지체는 불순종을 낳고, 작은 타협은 결국 큰 불순종으로 이어집니다. 성령께서 말씀으로 마음을 비추실 때, '나중에'가 아니라 '지금' 순종할 때 은혜의 문이 열리고 성화의 역사가 일어납니다.

아브라함이 하나님의 부르심을 받자마자 본토 친척 아비 집을 떠난 것처럼(창 12:4), 즉각적인 순종은 믿음의 역사를 낳습니다. 노아가 비를 본 적이 없지만 하나님의 말씀을 믿고 120년 동안 방주를 지은 것처럼, 성화의 길은 인내와 순종의 길입니다. 그 결과 하나님은 그 영혼 안에 그리스도의 생명이 거하시는 성전을 세우십니다.

성화 된 성도는 자기를 부인하고 말씀에 순종함으로 성령의 열매를 맺는 사람입니다. 그의 영혼 안에는 점점 그리스도의 성전이 세워지고, 그 안에 하나님의 임재와 생명이 거하게 됩니다. 그리스도의 성전이 세워졌다는 것은 단순히 신앙이 깊어졌다는 뜻이 아닙니다. 그것은 그리스도와 연합된 삶 곧 내 마음 전체가 말씀으로 거룩하게 되어 마음의 구원이 완성된 상태를 의미합니다. 이는 마치 이스라엘 백성이 광야의 훈련을 마치고 약속의 땅, 가나안에 들어간 것과 같습니다. 광야의 연단을 통해 자아가 깨지고, 순종과 믿음이 세워질 때, 영혼은 마침내 성화 된 상태 즉 하나님의 뜻과 일치된 자리로 나아갑니다.

노아의 방주가 하나님의 말씀대로 지어져 생명을 보존했듯이, 성도의 영혼도 하나님의 말씀 위에 세워질 때 그리스도의 생명과 영광이 거하는 거룩한 처소가 됩니다. 영혼의 성전을 세운다는 것은 곧 광야의 연단과 훈련을 통해 성화되는 과정입니다. 그리고 그 모든 연단을 다 받고 그리스도의 형상으로 회복된 상태 그것이 바로 영혼의 성전이 완성된 모습입니다.

그때 비로소 "내가 사는 것이 아니요, 오직 내 안에 그리스도께서 사시는 것"(갈 2:20)이 이루어집니다. 자아가 죽은 자리에 그리스도가 좌정하시고, 그분의 형상과 인격이 우리의 생각과 언행, 삶의 열매로 드러나게 됩니다. 이것이 바로 성화의 궁극적인 목적이며, 하나님께서 우리를 광야로 이끄신 이유입니다.

③ 삶의 열매를 맺음

성령으로 말씀을 듣고 인정하며 즉각 순종할 때, 그 삶에는 반드시 열매가 맺히게 됩니다. 열매는 인간의 노력만으로 만들어지지 않고, 말씀과 성령의 역사로 나타나는 인격과 행위의 변화입니다. 갈라디아서 5장 22-23에서 말씀하는 사랑, 희락, 화평, 오래 참음, 자비, 양선, 충성, 온유, 절제는 성령의 열매입니다. 이 열매들은 시간이 지날수록 성도 안에 점점 더 선명하게 드러납니다.

성화는 한 번의 사건이 아니라 점진적 과정입니다. 넘어지고 부족한 순간도 있지만, 택하심 받은 자는 성령께서 포기하지 않으시고 다시 세우십니다(시 37:23-24 참조). 결국 삶 전체가 조금씩 거룩해지고, 그 변화는 이웃과 공동체 안에서 사랑과 선행으로 나타납니다.

입술의 고백만이 아니라 삶에서 드러나는 열매가 참된 믿음의 증거입니다. 예수님께서도 "그들의 열매로 그들을 알리라"(마 7:16)고 하셨듯이 열매는 구원의 확증이자 외부에 보여지는 표지입니다.

④ 지속적인 순종

말씀을 듣고 일시적으로 눈물 흘리거나 감동을 받는 것만으로는 충분하지 않습니다. 성화는 그 감동이 삶의 지속적인 순종으로 이어질 때에만 자라납니다. 그러므로 "날마다 자기를 부인하고 자기 십자가를 지고 주님을 따르는"(눅 9:23) 지속적 순종을 해야 합니다. 즉 작은 일상 속에서도 말씀을 붙들고 반복적으로 성령 안에서 믿음의 반응을 하는 훈련이 필요합니다.

우리의 힘으로는 순종할 수 없기에, 성령의 도우심으로 말씀을 지켜 행해야 합니다. 이 과정에서 거룩함을 추구하는 성도는 주님을 사랑한다는 것을 증명하게 됩니다(요 14:15). 지속적 순종은 성화의 길을 걷는 성도의 삶을 점점 더 주님의 형상과 인격으로 빚어갑니다. 때로는 더디고 때로는 고통스럽지만, 계속 믿음으로 순종하는 가운데 성령께서 역사하시며 그리스도를 닮아가게 됩니다.

삶의 열매는 하나님의 말씀과 성령의 역사 속에서 내 삶이 실제로 변화된 결과입니다. 사랑, 기쁨, 화평, 오래 참음과 같은 성품의 변화가 그 예입니다. 이러한 열매는 믿음으로 순종한 삶의 증거입니다. 순종은 한 번의 결심이 아니라, 매일 말씀을 따르고 성령의 인도에 귀 기울이며 살아가는 꾸준한 태도입니다. 지속적인 순종 속에서 성령께서 우리 안에서 역사하시며 열매가 자라게 됩니다. 즉 순종은 열매를 맺게 하는 과정이고, 열매는 그 순종이 진실함을 보여주는 증거입니다. 믿음과 순종, 열매가 서로 연결되어 선순환을 이루는 삶이 바로 하나님 안에서의 참된 변화입니다.

(2) 끝까지 믿음으로 인내함

"끝까지 견디는 자는 구원을 얻으리라"(마 24:13).

믿음의 여정에서 성화 된 성도는 환경과 고난, 지연 속에서도 믿음을 버리지 않고 끝까지 인내합니다. 미련한 처녀가 신랑을 맞이할 준비가 되어 있지 않았던 반면, 슬기로운 처녀는 끝까지 준비된 삶을 살았습니다.

야고보서 1장 2-4절, 12절은 시험과 인내의 의미를 가르칩니다. 시험은 인간적으로는 고통스럽지만, 믿음을 정금같이 연단하는 과정입니다. "너희 믿음의 시련이 인내를 만들어 내는 줄 너희가 앎이라"(약 1:3). 인내는 무조건 참는 것이 아니라, 성령의 능력으로 믿음을 붙들고 끝까지 견디는 적극적인 버팀입니다. 이를 통해 성도는 "온전하고 구비하여 조금도 부족함이 없는"(약 1:4) 성숙한 그리스도인으로 성장하게 됩니다. "시험을 참는 자는 복이 있도다… 생명의 면류관을 얻을 것임이라"(약 1:12).

빌라델비아 교회의 목회자(계 3:10-11)는 인내의 삶이 어떻게 보상받는지를 보여주는 좋은 본보기입니다. 그는 비록 작은 능력을 가졌지만, 끝까지 충성하며 인내의 말씀을 지켰습니다. 그 결과 주님은 그에게 "시험의 때를 면하게 하시겠다"고 약속하셨고, "내가 속히 오리니 네 면류관을 빼앗기지 않게 하라"고 말씀하셨습니다. 이는 하나님께서 그 목회자의 믿음을 이미 확증하셨다는 증거입니다.

광야의 연단과 훈련은 바로 이 믿음의 확증 과정입니다. 하나님은 성도를 광야로 이끄셔서 자아를 깨뜨리고, 말씀과 순종을 통해 믿음을 정금같이 만드십니다. 이 과정을 통과한 성도는 이미 시험을 통과한 자 곧 주님 앞에서 신실함이 검증된 사람입니다. 요한계시록이 말하는 "시험의 때"(계 3:10)는 종말의 큰 환난 곧 7년 대환난을 의미합니다. 이는 휴거되지 못하고 남은 성도들의 믿음을 시험하며 세상을 심판하는 시기입니다.

그러나 광야의 연단을 통해 믿음이 확증된 성도들 곧 성령 안에서 인내의 말씀을 끝까지 지킨 자들은 이 시험의 때에 들어가지 않습니다. 그들은 주님의 약속대로 환난 전에 휴거 되어, 대환난의 심판을 면하고 생명의 면류관을 받게 될 것입니다.

이처럼 광야의 연단을 마친 성도는 구원의 확증 안에 있으며, 설령 육신이 죽는다 해도 정죄의 심판을 받지 않습니다. 오히려 주님 앞에서 상급과 영광으로 나아가게 됩니다. 그들의 믿음은 이미 이 땅에서 연단을 통해 검증되었고, 하늘에서는 그리스도의 형상으로 완성된 영혼의 성전으로 인정받게 됩니다.

결국 성령 안에서 믿음을 지키는 성도는 시험과 고난을 통과하며 성화됩니다. 하나님의 뜻 안에서 성령을 의지하여 끝까지 참고 기다리는 사람만이 진짜 믿음을 가진 사람입니다. 시험은 믿음이 성장하는 기회이며, 그 과정에서 인내의 말씀을 지킬 때 마침내 생명의 면류관을 받게 됩니다. 끝까지 믿음을 지킨 자에게는 천국의 영광이 최종 보상으로 주어집니다.

(3) 자기를 부인하고 십자가를 지는 삶

"아무든지 나를 따라오려거든 자기를 부인하고 날마다 제 십자가를 지고 나를 따를 것이니라"(눅 9:23).

성화의 삶은 자기 욕심, 자아 중심을 내려놓고, 그리스도 중심으로 살아가는 삶입니다. 택하심 받은 성도는 이 싸움을 매일 합니다.

누가복음 14장 25-33절에서 제자가 되려면 어떻게 해야 하는지 그 본질을 잘 알려줍니다. 26절에서 부모, 아내, 자녀, 형제, 자매, 심지어 자기 목숨까지도 미워해야 한다고 말씀하십니다. 27절에서는 자기 십자가를 지고 주님을 따르지 않으면 제자가 될 수 없다고 증언합니다. 그리고 망대 짓는 자의 비유와 왕이 전쟁하는 비유를 말씀하고 결론적으로 33절에서 제자는 자기 소유를 다 버리지 않으면 안 된다고 말씀합니다.

이 말씀의 영적 해석은 첫째, 망대 비유는 영혼의 성전을 세우는 것입니다. 망대는 높은 곳에서 지켜보는 성루와 같은 건축물입니다. 영적으로 보면, 내 안에 세워지는 영혼의 성전 곧 성화의 삶을 상징합니다. 건축은 시작보다 끝이 중요합니다. 토대를 잘못 놓으면 무너지고, 중도에 포기하면 조롱을 받습니다.

비유의 본질은 인간의 힘만으로는 끝까지 성전(성화의 삶)을 세울 수 없습니다. 기초는 오직 그리스도(고전 3:11)이며, 완성은 성령의 도우심으로만 가능합니다. 따라서 제자는 '내 힘으로 성전을 짓겠다'는 교만을 버리고, 모든 소유(자기 의, 자기 지혜, 자기 힘)를 내려놓고 하나님께 온전히 맡겨야 합니다.

둘째, 일만 명 vs 이만 명은 영적 전쟁을 교훈합니다. 일만 명은 우리의 힘, 이만 명은 마귀의 세력으로 볼 수 있습니다. 사탄은 언제나 우리보다 강합니다. 마귀와의 싸움은 정신력이나 자기 의지로는 불가능합니다. 오직 십자가에서 이미 승리하신 그리스도 안에 거하고, 성령의 전신갑주(엡 6:12-17)를 입을 때만 승리할 수 있습니다. 그러므로 영적 전쟁의 본질은 내가 싸우는 것이 아니라 그리스도가 내 안에서 싸우시는 것입니다.

셋째, 영혼의 성전을 세우며 마귀와의 싸움에서 승리하기 위해서는 모든 소유를 버려야 합니다. 여기서 '소유'는 욕심으로 붙잡고 있는 외적인 것뿐만 아니라, 내면의 탐심, 내 계획, 내 힘, 자아의 모든 것을 의미합니다. 자아란 결국, 모든 상황과 사물을 하나님보다 '나' 중심으로 해석하고 반응하는 마음입니다. 겉으로 보기에는 평범한 일상이라도, 그 중심이 하나님이 아닌 내 생각, 내 감정, 내 만족이라면 자아가 작동하고 있는 것입니다.

예를 들어, 옷을 선택하고 입을 때 다른 사람의 시선을 과도하게 의식하거나, 나를 돋보이게 하려는 마음은 자아의 표현입니다. 단정하고 깔끔하게 입는 것은 필요하지만, 옷을 통해 '나의 가치'를 증명하려는 마음은 자아 중심입니다.

외모 역시 마찬가지입니다. 건강 관리와 자기 돌봄은 필요하지만, 외모로 우월감을 느끼거나 비교 속에서 열등감에 빠지는 것은 자아의 지배를 받는 모습입니다. 외모가 하나님을 위한 도구가 아니라, 자기를 과시하거나 위축시키는 중심이 될 때 자아가 작동합니다.

물질도 그렇습니다. 차나 집, 직장, 학력, 재산 등은 모두 삶의 도구일 뿐입니다. 그러나 그것을 통해 자신의 지위를 드러내거나 안정감을 확보하려는 마음이 있다면, 이미 자아가 그 중심에 자리하고 있는 것입니다. 하나님이 주신 물질을 섬김과 감사의 통로로 사용하며 자족할 때 우리는 비로소 자유할 수 있습니다.

또한 환경과 감정의 기복도 자아의 한 모습입니다. 날씨가 좋으면 기분이 좋고, 흐리면 불평이 터진다면 그것은 환경에 따라 요동하는 자아의 반응입니다. 성령 안에 사는 사람은 환경이 아니라 하나님 안에서 기뻐할 수 있는 사람입니다.

음식에 대해서도 자아는 쉽게 드러납니다. 먹는 즐거움은 하나님이 주신 선물이지만, 절제가 없다면 탐욕이나 불만족으로 이어집니다. 음식이 만족과 불만의 근원이 된다면 그것은 자아이지만, 감사함으로 받고 절제하며 나누는 삶은 하나님 중심의 삶입니다.

또한 관계 속에서도 자아는 강하게 드러납니다. 칭찬받을 때 교만해지고, 비판받을 때 쉽게 상처받는 마음은 자아의 반응입니다. 자아는 인정과 사랑을 사람에게서 얻으려 하지만, 영적으로 성숙한 사람은 그것을 하나님께로부터 받습니다.

사역 속에서도 자아는 숨어 있습니다. 하나님의 일을 하면서도 "사람들이 나를 어떻게 볼까?", "내가 얼마나 영향력 있는 사람으로 보일까?"라는 생각이 든다면, 그 중심에는 하나님이 아니라 '나'가 있습니다. 진정한 순종은 결과보다 하나님께 대한 사랑과 충성에서 비롯됩니다.

결국 자아에 지배받는 삶은 모든 판단의 중심이 하나님이 아닌 '나'입니다. 반면, 자아가 깨어진 사람은 모든 일의 중심을 하나님께 두며, "내가 아니라 오직 주님만이"라는 고백 속에서 진정한 자유를 누립니다.

바울은 "그런즉 너희가 먹든지 마시든지 무엇을 하든지 다 하나님의 영광을 위하여 하라"고 증언합니다(고전 10:31). 이 말씀은 우리의 모든 삶의 목적이 하나님의 영광이 되어야 한다는 뜻입니다. 즉 예배 시간뿐 아니라 먹고 마시고 일하고 공부하고 대화하는 모든 순간이 하나님께 영광이 되어야 합니다. 그리고 바로 이러한 하나님께 영광 돌리는 삶이 성령의 열매를 맺는 삶입니다.

아담으로부터 물려받은 자아는 사탄의 성품입니다. 성령님께서 말씀의 빛으로 모든 자아를 드러내 줄 때 깨닫고 십자가에 못 박아야 합니다. 내가 주인으로 살지 않고 하나님께 내 삶을 맡길 때, 하나님께서 그분의 방법과 능력으로 우리의 삶에 역사 하십니다. 인간의 힘이 빠져나간 자리에 하나님의 능력이 역사합니다.

바울이 "내가 약할 그 때에 곧 강함이라"(고후 12:10)고 고백했습니다. 성화의 삶은 내가 죽고 그리스도가 사는 자리입니다(갈 2:20). 결론적으로 영혼의 성전을 세우는 것은 인간의 힘으로는 불가능하고 오직 성령의 능력으로만 완성할 수 있습니다. 이것은 혼적 생명을 다 십자가에 죽이고 예수님의 성품으로 변화되는 것입니다.

마귀와의 영적 전쟁 역시 내 힘으로는 이길 수 없습니다. 오직 그리스도를 의지할 때 승리할 수 있습니다. 그리고 자아의 모든 소유를 버리고 날마다 자기를 부인하고 자기 십자가 지고 하나님의 주권과 은혜 안에 들어갈 때 성화가 이뤄집니다. 결국 자기를 부인하고 십자가를 지는 삶이란 나의 소유와 힘을 내려놓고 그리스도의 능력과 은혜를 의지하여 성전이 세워지고 영적 전쟁에서 승리하는 성화의 길입니다.

(4) 거룩에 대한 갈망

거룩은 성경 전체를 관통하는 주제이자, 하나님의 백성이 반드시 붙들어야 할 정체성입니다. 성경에서 "거룩"이라는 말은 '구별되다, 분리되다'라는 뜻을 가지고 있습니다. 하나님은 본질적으로 거룩하신 분이시며(레 11:44, 벧전 1:16), 그분을 닮아가도록 성도들을 부르셨습니다. 따라서 거룩은 하나님께 속하여 하나님 중심으로 살아가는 믿음의 삶 자체를 의미합니다.

성경은 거룩을 향한 갈망이 종교적 열심이 아니라, 성도 안에 성령께서 주시는 내적 소원임을 증언합니다. 데살로니가전서 4장 7절은 "하나님이 우리를 부르심은 부정하게 하심이 아니요 거룩하게 하심이라"고 증언합니다. 즉 거룩은 선택받은 자의 부르심의 목적입니다. 또한 빌립보서 2장 13절은 하나님께서 "자기의 기쁘신 뜻을 위하여 너희에게 소원을 두고 행하게 하신다"고 증언합니다. 곧 거룩을 향한 갈망은 내 힘으로 만들어 내는 것이 아니라 성령이 심어주시는 하나님의 뜻입니다.

사도행전 7장 33에서 하나님께서는 모세에게 "네 발의 신을 벗으라. 네가 서 있는 곳은 거룩한 땅이니라"고 말씀하셨습니다. 여기서 신발을 벗으라는 명령은 자아와 세속적 습관, 자기 의를 내려놓으라는 상징적 행위입니다. 인간은 자신의 욕심, 편안함, 익숙함에 의지할 때 하나님 앞에서 자유롭지 못합니다. 옛사람의 모든 것을 내려놓고 주님께 자신을 온전히 맡길 때 자유할 수 있습니다.

거룩한 땅은 하나님의 임재가 머무는 곳을 상징합니다. 하나님께서는 거룩함 속에서만 인간에게 임재하시며, 그 임재를 실제 체험으로 나타냅니다. 우리 마음의 땅도 마찬가지입니다. 성령께서 임재하시려면, 먼저 죄와 모든 탐심과 세속적 습관 등 자아의 신을 벗어야 합니다. 내 방식과 내 의지, 내 자랑을 다 내려놓고 하나님 앞에 자신을 겸손하게 낮추어야 합니다.

거룩함과 성령의 임재는 서로 떨어질 수 없는 관계입니다. 성령님은 깨끗한 마음 곧 하나님께 온전히 드려진 마음에 임하십니다. 우리가 자아의 신발을 벗고 하나님 앞에 겸손히 설 때, 하나님은 그 마음의 땅을 거룩한 곳으로 만드십니다. 그곳에 성령님이 임하시고, 우리의 생각과 감정, 삶의 방향을 새롭게 바꾸어 주십니다.

내 생각과 계획을 내려놓고 주님의 뜻을 따를 때가 참된 믿음의 시작입니다. 비교나 자랑을 멈추고 감사할 때 마음의 평안이 찾아옵니다. 어려움 속에서도 불평 대신 하나님을 신뢰할 때 믿음이 자라납니다. 또한 내가 잘했다고 여기는 공로를 내려놓고 모든 영광을 하나님께 돌릴 때 우리의 마음은 겸손해집니다. 그 순간이 바로 신발을 벗는 시간이며 하나님 앞에 온전히 서는 시간입니다. 이처럼 마음을 깨끗하게 지킬 때 성령께서 우리 안에 임재하시고 참된 평안과 기쁨을 주시며 우리의 삶을 통해 하나님의 뜻을 이루십니다.

요한일서 3장 3절은 "주를 향하여 이 소망을 가진 자마다 그의 깨끗하심과 같이 자기를 깨끗하게 하느니라"고 선언합니다. 성도는 주님을 닮고자 하는 마음 때문에 점점 더 거룩해지고 싶은 갈망을 품게 됩니다.

거룩에 대한 갈망은 삶에서 몇 가지 특징으로 나타납니다. 첫째, 세상에 대한 불만족입니다. 세상의 즐거움이 점점 허망하게 느껴지고, 하나님의 뜻대로 살고 싶은 마음이 커집니다. 둘째, 죄에 대한 민감함입니다. 작은 죄에도 마음이 아프고, 회개로 하나님께 돌아가려는 갈급함이 생깁니다. 셋째, 말씀과 기도에 대한 목마름입니다. 이것은 종교적 의무가 아니라, 하나님의 임재를 갈망하게 되는 것입니다. 넷째, 예배와 공동체에 대한 사랑입니다. 하나님을 높이고 함께 거룩을 추구하는 공동체와 함께하는 것을 기뻐하게 됩니다.

이러한 갈망은 반드시 열매를 맺습니다. 첫째, 성화의 열매입니다. 성령은 갈망하는 성도의 성품을 실제로 변화시켜, 점점 더 예수님을 닮게 하십니다(고후 3:18). 둘째, 자유의 열매입니다. 죄와 세상에 얽매이지 않고, 하나님께 속한 자유를 누리게 됩니다. 셋째, 영광의 소망입니다. 이 갈망은 결국 영원한 천국 즉 새 하늘과 새 땅에서 완전한 거룩을 누릴 그날을 바라보게 합니다(계 21:27).

거룩에 대한 갈망은 성령께서 거듭난 성도 안에 심어주신 하나님의 성품을 닮고자 하는 내적 부르심입니다. 이것은 선택받은 성도의 영적 DNA입니다. 이 땅에서는 성화로 자라가고, 장차 영광의 나라에서 영화롭게 완성될 소망입니다.

   그리스도의 심판대와 성화

(5) 하나님 나라를 기다리는 소망

성화 된 성도는 이 땅에 집착하지 않습니다. 그들은 눈에 보이는 세상보다, 다시 오실 예수 그리스도를 기다리며 그날을 준비합니다. 열 처녀의 비유에서 슬기로운 다섯 처녀가 등불의 기름을 준비한 이유는 신랑을 향한 소망과 사랑 때문이었습니다.

택하심 받은 성도들의 삶에는 분명한 특징이 있습니다. 그들은 성령 안에서 믿음으로 말씀에 순종하며, 끝까지 인내합니다. 또한 자기를 부인하고 십자가를 지며, 성령의 열매를 맺습니다. 그들의 마음은 세상의 영광이 아니라, 거룩을 사모하고 하늘의 소망을 바라봅니다. 이런 모습은 단번에 완성되는 것이 아닙니다. 성화의 길은 성령의 기름부으심을 따라 날마다 변화되어 가는 여정입니다. 하나님께서 우리를 조금씩 빚어가시며, 신랑 되신 그리스도를 닮아가게 하십니다.

그러므로 택하심 받은 성도는 늘 깨어 있습니다. 세상의 유혹에 잠들지 않고, 성령과 동행하며 신랑을 맞을 준비를 합니다. 그들의 마음은 언제나 하늘을 향해 있고, 그들의 발걸음은 천국을 향해 나아갑니다.

"보라 신랑이로다 맞으러 나오라"(마 25:6).

3. 부르심을 받았으나 떨어진 자들에 대한 경고

1) 부르심을 받은 자의 타락

하나님께서 주시는 부르심은 보편적인 초대입니다. 복음을 들은 자, 교회 안에 들어온 자, 신앙의 출발점을 경험한 자, 모두가 이 부르심에 참여한 사람들입니다. 그러나 문제는 여기 있습니다. 부르심을 받은 자가 모두 끝까지 가는 것은 아니라는 사실입니다.

(1) 마음의 눈이 열리는 은혜의 단계

어떤 성도들은 율법적인 신앙생활을 벗어나 복음 안으로 한 단계 더 깊어질 때 성령의 조명 속에 마음의 눈이 열리는 경험을 하게 됩니다. 성경은 이것을 다양하게 표현합니다.

히브리서 6장 4-6절은 "한번 비췸을 받고, 하늘의 은사를 맛보고, 성령에 참예한 바 되고…"라고 증언합니다. 베드로후서 1장 19절은 "날이 새어 샛별이 너희 마음에 떠오르기까지"라는 표현으로, 마음의 눈이 열리는 체험을 가리킵니다.

눈이 열리면 성경에 감추어진 비밀이 보이기 시작합니다. 이것은 신앙입문의 경험이 아니라, 성도가 믿음의 여정 가운데 반드시 지나가야 할 깊은 영적 체험입니다. 저는 몇 년 전, 40일 동안 회개 작정 기도를 드린 적이 있습니다. 이 기간 동안 저는 모든 것을 다 내려놓고 하나님 앞에 전적으로 나아가기로 결단했습니다. 혼자 기도에 집중하기 위해 출입문을 잠그고, 인터넷과 휴대폰을 끄고 이른 아침부터 밤에 잠들기 전까지, 하루 두 끼만 간단히 먹으며 오직 말씀 읊조림과 기도와 찬양에만 집중했습니다.

처음 일주일은 마귀의 강한 공격으로 인해 마음이 지옥과 같이 고통스러 웠습니다. 그러나 일주일이 지나자 하나님께서 제게 특별한 은혜를 주셨 습니다. 꿈속에서 새 성경책을 받는 체험을 하고 난 후 제 마음의 눈이 열 리기 시작했습니다. 그때부터 성경 속에 감추어진 본질이 훤히 보이기 시 작했고, 제가 그동안 영적인 소경으로 살았다는 것을 깨달으며 큰 충격을 받았습니다. 말씀 앞에 무릎 꿇고 엎드려 통회했고, 제 삶은 그 순간부터 영적으로 전환점을 맞이했습니다.

그 후 주석이나 다른 책을 의지하지 않고 성령님께 물었습니다. 오직 성 경 66권만 반복해서 소리 내어 읽고 묵상하며 통회했을 때, 말씀이 제게 꿀 송이처럼 달게 느껴졌습니다. 그 순간 기름부음이 모든 것을 가르쳐 준다는 말씀이 레마로 와닿았습니다(요일 2:27). 하나님의 사랑이 실제로 체험되었 고, 세상에 대한 미련이 완전히 사라졌습니다. 주님 한 분만으로 충분하다 는 고백이 제 마음 깊이 자리 잡았습니다. 무엇보다 그 기간 동안은 마음속 에서 죄성이 전혀 올라오지 않았고, 약 40일 동안 평안이 지속 되었습니다.

그러나 그 시간이 지난 후, 점차 제 자아가 다시 고개를 드는 것을 보게 되었고, 제 안에 여전히 죽어져야 할 부분들이 많다는 것을 알게 되었습니 다. 하지만 마음의 눈이 열리기 전에 이기지 못했던 자아들이 쉽게 처리가 되는 은혜가 주어졌습니다. 주님은 그때부터 본격적으로 제 자아를 드러 내시고, 주님의 주권에 온전히 순복하도록 다루어 가셨습니다.

이 체험은 저에게 존 번연의 천로역정에서 좁은 문을 지나 십자가 언덕에서 죄 짐이 떨어지는 사건과도 같았습니다. 잠시 마음의 눈이 열려 죄 짐이 벗겨지는 강력한 은혜를 경험했지만, 동시에 그것이 일시적 체험일 뿐이며, 주님은 이후에도 계속해서 저를 연단하시고 다듬어 가신다는 것을 깨달았습니다.

무엇보다 그 이후로 제 삶의 가치관은 완전히 달라졌습니다. 마음으로 보고, 듣고, 생각하는 방식이 변했고, 주님을 향한 신뢰가 깊어졌습니다. 심지어 원치 않게 남을 판단하는 말을 했을 때, 마귀의 공격을 받았고 즉시 회개할 때 평안해졌습니다. 그만큼 성령께서 제 양심을 민감하게 다루셨습니다. 그 40일의 체험은 제 인생에 있어 영적인 획기적 전환점이었습니다. 주님은 제 마음의 눈을 열어주셔서 진리의 빛을 보게 하셨고, 지금도 계속해서 저를 다루시며 더 깊은 순종으로 인도해 가십니다.

(2) 그러나, 타락의 위험

하나님의 은혜를 깊이 경험한 사람이라도, 날마다 자기를 부인하고 자기 십자가를 지며 주님을 따르지 않으면 타락의 위험에 빠질 수 있습니다. 히브리서 6장 4-6절은 이렇게 경고합니다.

"한 번 비췸을 받고 하늘의 은사를 맛보고 성령에 참예한 바 되고… 타락한 자들은 다시 새롭게 하여 회개하게 할 수 없다."

여기서 "한 번 비췸을 받고"란 단순히 복음을 들은 것이 아니라, 성령의 조명으로 마음의 눈이 열리고 은혜를 실제로 경험한 상태를 뜻합니다. 문

 그리스도의 심판대와 성화

제는 진리를 알고 하나님의 은혜를 맛본 사람조차도 정욕과 탐심을 십자가에 못 박지 않으면 타락할 수 있다는 것입니다.

그 대표적인 예가 가룟 유다입니다. 그는 예수님의 제자로서 말씀을 직접 듣고, 하나님의 능력을 체험했습니다. 귀신을 쫓고 병자를 고치는 권능도 받았으며, 다른 제자들과 함께 사역의 현장에 있었습니다. 그러나 그의 마음속에는 탐욕이 자리 잡고 있었습니다. 그는 맡은 재정을 관리하면서 도둑질을 했고, 결국 은 삼십에 예수님을 팔아넘겼습니다.

유다는 예수를 "몰랐던 자"가 아니라, "한때 빛을 본 자"였습니다. 하지만 그 빛을 끝까지 따라가지 않고, 세상의 욕심에 마음을 내어준 결과 타락한 자가 된 것입니다. 이것은 단지 유다 개인의 비극이 아니라, 오늘날 우리에게 주는 경고이기도 합니다. 성령의 은혜를 체험하고도 자신을 부인하지 않으면, 누구든지 넘어질 수 있습니다. 그래서 우리는 날마다 자기를 부인하고, 십자가를 지며, 성령의 인도하심 안에 머물러야 합니다.

타락의 시작은 버려지지 않은 죄성과 정욕입니다. 예수님은 밭에 감추인 보화와 값진 진주의 비유에서 하나님 나라를 얻기 위해서는 "모든 소유를 팔아야 한다"고 하셨습니다. 즉 예수님과 연합하기 위해서는 자기중심적인 욕심과 교만, 정욕을 내려놓는 회개가 필요하다는 것입니다.

그러나 어떤 사람은 겉으로는 신앙이 깊어 보이지만, 속으로는 여전히 세상의 욕심을 품고 살아갑니다. 그들은 주님의 십자가보다 자신의 명예와 물질을 더 사랑하며, 겉으로는 경건해 보이지만 마음속은 탐욕과 음란과 교만으로 가득합니다.

이런 자들은 단순한 신앙 초보자가 아니라, 오히려 교회 안에서 인정받고 영향력 있는 위치에 있는 사람들일 수도 있습니다. 그들은 "양의 탈을

쓴 이리"(마 7:15)처럼 거룩한 말을 하지만, 속으로는 자기 욕망을 따르며 교회를 분열시키는 자들입니다.

히브리서 10장 26-29절은 이렇게 경고합니다.

"우리가 진리를 아는 지식을 받은 후 짐짓 죄를 범한즉 다시 속죄하는 제사가 없고… 하나님의 아들을 밟고, 언약의 피를 부정하게 여기며, 은혜의 성령을 욕되게 하는 자가 받을 형벌은 얼마나 더 무겁겠느냐."

이들은 예수님의 은혜를 알고도 의도적으로 거부하고 조롱하는 자들 즉 교회 안에서 하나님을 대적하는 영적 배교자들입니다. 하나님께 부르심을 받았다는 것은 구원의 시작일 뿐입니다. 진정한 구원은 끝까지 자기를 부인하고, 애정과 욕망과 모든 소유욕을 십자가에 못 박고 순종의 길을 걷는 데 있습니다. 큰 은혜를 체험한 사람일수록 더욱 자아 죽음의 겸손으로 깨어 있어야 합니다.

성경은 참된 구원은 하나님이 친히 지키신다고 증언합니다.

"그들을 주신 내 아버지는 만물보다 크시매 아무도 아버지 손에서 빼앗을 수 없느니라"(요 10:29). 그러나 동시에 성경은 끝까지 믿음을 지키는 것이 성도의 책임임을 강조합니다. "너희가 인내로 너희 영혼을 얻으리라"(눅 21:19).

즉 하나님이 성도를 지키시지만, 그 은혜 안에서 깨어 믿음을 지키는 것은 우리의 몫입니다. 하나님의 택하심은 인간의 태만과 무관심을 결코 용납하지 않습니다. 진짜 믿음은 끝까지 지속되는 믿음으로 증명됩니다.

신앙이 일시적으로 성장했다가 타락한 자들은, 하나님의 은혜를 '맛보기'

만 했을 뿐, 그 은혜 안에 '뿌리내린'자들이 아닙니다. 그들은 처음부터 하나님께 택함받은 자들이 아닙니다. 그들은 가룟 유다의 부류에 속한 자들입니다. 이에 대해 사도 요한은 다음과 같이 분명히 말씀합니다.

"그들이 우리에게서 나갔으나 우리에게 속하지 아니하였나니, 만일 우리에게 속하였더라면 우리와 함께 거하였으려니와, 그들이 나간 것은 다 우리에게 속하지 아니함을 나타내려 함이니라"(요일 2:19).

이 말씀의 본질은 참된 신자는 결코 완전히 떠나지 않는다는 것입니다. '그들이 나갔다'는 것은 그들이 처음부터 참된 공동체 곧 그리스도와의 실제 연합 속에 속하지 않았음을 드러내는 표지입니다. 겉으로는 교회 안에 있었으나, 그들의 마음은 진정으로 주님께 속하지 않았던 것입니다. 이처럼 적그리스도들은 교회 안에서 신앙생활을 하는 듯 보이다가 결국 믿음을 버린 자들입니다. 그들은 예수 그리스도 안에 온전히 거하지 못하였기에, 결국 세상과 사탄의 길로 돌아선 것입니다.

예수님께서도 "거짓 그리스도들과 거짓 선지자들이 일어나 큰 표적과 기사를 보여 할 수만 있으면 택하신 자들도 미혹하리라"(눅24:24)고 경고하셨습니다. 그러므로 우리는 거짓 신앙과 진짜 믿음을 분별하기 위해 늘 깨어 기도하며, 말씀으로 무장해야 합니다. 참된 믿음은 감정이나 일시적 열심이 아니라, 끝까지 예수 그리스도 안에 거하는 삶으로 드러납니다.

우리는 날마다 성령과 동행하며 자신의 믿음을 돌아보아야 합니다. 정욕을 십자가에 못 박는 자만이 끝까지 믿음을 지키며 신랑 되신 그리스도를 맞이할 준비를 하게 됩니다. 하나님은 끝까지 믿음을 지키는 자들을 통해

영광을 받으십니다. 우리 모두 성령의 은혜 안에서 깨어 있으며, 거짓이 아
닌 진정한 회개와 순종의 거룩으로 주님 앞에 서기를 소망합니다.

(3) 성경 속 모형과 교훈

이 원리를 성경은 여러 모형으로 보여줍니다. 이스라엘 백성은 모두 출
애굽하여 부르심을 받았지만, 불순종으로 인해 광야에서 멸망 당한 자가
많았습니다(고전 10:1-12). 바울은 이것을 "우리의 거울"이라 부르며, 부르심
만으로 안심하지 말라고 경고합니다.

젖과 꿀이 흐르는 가나안 땅을 정탐한 열두 명 중 열 명은 하나님의 나라
를 직접 맛보았지만, 불신앙에 빠져 멸망의 길로 갔습니다. 그러나 마음의
눈이 열려 신실한 믿음으로 반응한 여호수아와 갈렙만이 약속의 땅에 들
어갔습니다.

(4) 오늘 우리에게 주는 경고

결국 부르심은 시작일 뿐이고, 끝까지 믿음과 순종으로 달려가는 자만이
구원에 이를 수 있습니다. 교회에 출석하고 신앙을 시작했다고 안전한 것
이 아닙니다. 눈이 열리는 은혜의 체험조차도 자동으로 영원한 안전을 보
장하지 않습니다. 중요한 것은 끝까지 믿음 안에 서서 자아의 소유를 버려
야 합니다. 날마다 자아를 부인하고, 성령의 인도에 순종하며, 그리스도 안
에 거해야 합니다.

부르심은 보편적이지만, 타락의 가능성도 실제적입니다. 깊은 은혜를 경

험한 후의 배교는 돌이키기 어렵습니다. 이스라엘 백성의 실패가 우리의 거울이 되어, 경건한 두려움 속에 믿음을 끝까지 지켜야 합니다.

2) 생명책과 지워짐

모세는 금송아지 사건 이후 하나님께 간구합니다.

"이제 그들의 죄를 사하시옵소서. 그렇지 아니하시오면 원하건대 주께서 기록하신 책에서 내 이름을 지워버려 주옵소서"(출 32:32).

이에 대해 하나님께서 말씀하십니다.

"누구든지 내게 범죄하면 내가 내 책에서 그를 지워 버리리라"(출 32:33).

여기서 언급된 '책'(히브리어 세페르, סֵפֶר) 은 생명책을 가리킵니다. 모세의 간절한 중보조차도 하나님의 공의 앞에서는 범죄한 자를 예외로 할 수 없음을 보여줍니다.

신약에서도 동일한 원리가 강조됩니다.

"이기는 자는 이와 같이 흰옷을 입을 것이요, 내가 그 이름을 생명책에서 결코 지우지 아니하고…"(계 3:5).

"만일 누구든지 이 두루마리의 예언의 말씀에서 제하여 버리면, 하나님이 이 두루마리에 기록된 생명나무와 및 거룩한 성에 참여함을 제하여 버리시리라"(계 22:19).

여기서 '생명나무'는 예수 그리스도를 상징하고, '거룩한 성'은 천국의 수도인 새 예루살렘을 의미합니다. 두루마리에 기록된 말씀을 의도적으로 더하거나 제하는 것은 하나님의 계시와 주권에 대한 도전이며 진리를 변질시키는 행위라는 점에서 실제적이고 심각한 경고입니다. 이는 순수한 마음으로 잘 몰라서 말씀을 더하거나 빼는 경우가 아니라, 자기 유익을 위해 하나님의 말씀을 의도적으로 왜곡하고 변개하는 자들에 대한 경고입니다. 성경을 가감한다는 것은 단지 문자를 수정하는 행위가 아니라, 하나님의 말씀의 권위를 침해하고 그분의 뜻을 인간의 욕망에 종속시키는 근본적인 반역을 의미합니다.

또한 하나님은 믿음을 시작한 사람이라도 끝까지 회개하지 않고 죄 가운데 머무를 때, 생명책에서 이름이 지워질 수 있음을 경고하십니다. 이는 회개 없는 삶이 결국 구원의 자리에서 벗어날 수 있음을 보여주는 말씀입니다.

부르심을 받은 자는 복음을 듣고 신앙의 길에 들어선 자들입니다. 그러나 그들 중에는 타락할 가능성이 있습니다. 반면, 택하심을 받은 자는 성령 안에서 끝까지 믿음으로 인내하여 이기는 자가 되며, 그 이름이 영원히 생명책에 남습니다.

결론적으로, 부르심은 구원의 보증이 아니며, 택하심이 구원의 확증입니다. 부르심은 초대이며 시작이고, 은혜의 기회입니다. 타락은 부르심에 응답했으나 끝까지 믿음으로 반응하지 못한 상태를 의미합니다. 반면 택하심은 끝까지 믿음으로 인내하며 이기는 자로 남아, 영원히 생명책에 기록되는 은혜를 말씀합니다.

(1) 심판대를 인정할 때의 유익

모든 믿는 자는 언젠가 그리스도의 심판대 앞에 서게 될 것입니다. 이 심판은 구원받기 위한 심판이 아니라, 구원받은 자가 주님 앞에서 자기 삶을 결산하는 자리입니다. 이 진리를 인정할 때, 성도의 삶에는 분명한 변화와 유익이 생깁니다.

① 삶의 방향이 분명해지고, 주를 기쁘시게 하는 동기가 생깁니다. 심판대를 인정하는 사람은 인생의 목표가 세상 성공이 아니라 주님의 칭찬과 영광이 됩니다. "주께서 어떻게 보실까?"라는 질문이 삶의 기준이 되기 때문에 모든 선택에서 하나님 중심적인 방향을 갖게 됩니다.

세상의 평가나 사람의 시선을 의식하기보다 보이지 않는 하나님 앞에서 자신을 살피며 살아갑니다. 그 결과 삶의 우선순위가 달라지고, 주님을 기쁘시게 하려는 순전한 마음이 신앙의 중심이 됩니다.

"그런즉 우리는 몸으로 있든지 떠나 있든지 주를 기쁘시게 하는 자 되기를 힘쓰노라"(고후 5:9).

② 은혜를 방종이 아니라 경건과 거룩으로 살아가도록 이끕니다. 그리스도의 심판대를 의식하는 사람은 "은혜 받았으니 마음대로 살아도 된다"는 생각을 버리고, 은혜를 헛되이 받지 않으려는 거룩한 긴장감을 가지고 삽

니다. 은혜는 죄를 덮기 위한 핑계가 아니라, 죄를 이기고 거룩하게 살도록 돕는 힘이라는 것을 깨닫게 됩니다. 심판의 날에 자신의 말과 행위, 숨은 동기까지 드러난다는 사실을 아는 사람은 언제나 자신을 점검하며 진실하고 경건한 삶을 추구하게 됩니다.

"각 사람의 일은 불로 시험을 받을 것이요…"(고전 3:13).

③ 상급과 칭찬의 소망이 있어 헌신이 기쁨이 됩니다. 심판대는 단지 두려운 자리가 아닙니다. 그리스도께서 충성된 종들에게 칭찬과 상급을 주시는 자리이기도 합니다. "잘하였다, 착하고 충성된 종아" (마 25:21) 이 말씀은 성도의 모든 헌신의 이유이자 보상입니다.

세상에서 알아주지 않아도, 주님께서 보시고 기억하신다는 확신은 지속적인 섬김의 기쁨이 됩니다. 작은 선행과 눈물로 드린 기도, 숨은 헌신 하나도 주님은 잊지 않으시고 그날에 칭찬과 영광으로 갚아주십니다.

④ 고난 중에도 주께서 기억하시고 갚아주심을 믿기에 흔들리지 않습니다. 주 안에서 겪는 고난과 손해는 결코 헛되지 않습니다. 심판대를 믿는 사람은 고난을 영원한 상급으로 바꾸는 눈을 가집니다. 불의한 대우를 받아도 보복하지 않고, 하나님께서 공의로 갚아주실 것을 믿고 참고 기다립니다. 이 믿음은 어떤 시련 앞에서도 흔들리지 않게 하며, "현재의 고난은 장차 나타날 영광과 비교할 수 없다"(롬 8:18)는 확신으로 끝까지 믿음을 지키게 합니다.

그리스도의 심판대를 인정하는 신앙은 두려움이 아니라 거룩한 소망의 신앙입니다. 그날의 상급과 칭찬을 바라보며, 오늘도 주님을 기쁘시게 하는 삶으로 자신을 세워가야 합니다.

"그러므로 내 사랑하는 형제들아, 견실하며 흔들리지 말고 항상 주의 일에 더욱 힘쓰는 자들이 되라. 이는 너희 수고가 주 안에서 헛되지 않은 줄 앎이라"(고전 15:58).

(2) 심판대를 부정할 때의 손해

그리스도의 심판대를 믿는 것은 단지 '두려움'의 문제가 아니라, 신앙의 방향과 중심을 세우는 문제입니다. 그러나 어떤 사람은 이 심판의 날을 잊거나, 은혜를 이유로 "하나님은 어차피 용서하시니까 괜찮다"고 생각하며 심판대를 사실상 부정하는 삶을 살아갑니다. 이럴 때 신앙에는 여러 가지 심각한 손해가 찾아옵니다.

① 삶의 기준을 잃고 자기중심적 방종에 빠집니다. 심판대를 부정하면 인생의 중심이 하나님이 아닌, 나 자신으로 옮겨집니다. 무엇이 옳고 그른지를 성경이 아니라 자기 기분과 욕심으로 판단하게 되고, 결국 자기 마음이 법이 되어버립니다.

그 결과 하나님 앞에서가 아니라 사람들 앞에서 사는 신앙이 되고, 보이지 않는 주님의 시선을 의식하지 않으니 은밀한 죄에도 거리낌이 사라집니다. 겉으로는 신앙인처럼 보여도 속으로는 방종과 자기합리화에 빠진 삶이 됩니다.

② 거룩이 약화되고 죄와 쉽게 타협합니다. 심판을 부정하는 마음은 거룩의 긴장을 잃게 만듭니다. "하나님은 사랑이시니 괜찮다"는 오해 속에서 죄를 가볍게 여기고 쉽게 타협하게 됩니다. 그러나 성경은 분명히 말씀합니다.

심판대를 믿지 않는 사람은 죄를 슬퍼하기보다 죄를 정당화하려 하고, 성령의 음성보다 세상의 소리를 따르게 됩니다. 결국 은혜의 삶이 아니라, 육신의 소욕에 이끌리는 삶으로 흘러갑니다.

③ 불로 시험할 때 남는 것이 없다 보니 상급을 받을 수 없습니다. 바울은 성도의 삶을 불로 시험하는 날에 비유했습니다. 그때 각 사람의 공적이 드러나며, 성령 안에서 금·은·보석 같은 믿음의 헌신은 남지만, 자아로 행한 나무·풀·짚 같은 헌신은 모두 불타 사라질 것입니다.

심판대를 부정한 사람은 눈에 보이는 성취만 추구하고, 주님을 위한 순전한 동기를 잃게 됩니다. 그래서 마지막 날 불로 시험받을 때, 남는 것이 없고 상급과 칭찬을 잃는 아쉬운 신앙이 될 수 있습니다.

                                    그리스도의 심판대와 성화

④ 영적 무감각과 허무로 흐르기 쉽습니다. 심판의 날을 잊은 사람은 결국 영적 긴장감과 경건의 감각을 잃습니다. 신앙이 형식이 되고, 예배는 습관이 되며, 기도와 말씀의 감동이 점점 사라집니다. 하나님 앞에 설 날을 생각하지 않으면 오늘의 삶에 의미를 찾기 어렵고, 결국 신앙은 의식 없는 종교 생활로 변질됩니다. 그 결과 마음에는 허무함과 공허함이 찾아옵니다.

"깨어 있으라 너희는 그 날과 그 때를 알지 못하느니라"(마 25:13).

⑤ 믿음의 성장을 이루지 못합니다.

심판대를 부정하는 사람은 자기 성찰과 회개가 사라진 사람입니다. "내가 주님 앞에서 어떤 모습일까?"라는 질문이 없으니 성령께서 성장시키실 여지가 줄어듭니다. 그리스도의 심판대를 인정할 때 우리는 자신을 돌아보고, 죄를 미워하고, 더 성숙한 믿음으로 나아가게 됩니다.

그러나 그것을 부정하면 신앙은 멈추고, 자기만족의 종교로 변하게 됩니다. 결국 그는 외적으로는 신앙생활을 하지만, 속으로는 더 이상 자라지 못하고 정체된 신앙인으로 남게 됩니다.

⑥ 성경을 왜곡하게 됩니다.

성경은 하나님의 공의로운 심판에 관한 말씀을 매우 자주 언급하고 있습니다. 만일 심판대를 부정한다면, 성경의 본질을 바르게 이해할 수 없게 되고, 결국 진리를 왜곡하여 거짓 믿음을 가지게 됩니다. 그런 곳에는 성령의 역사가 머물 수 없고, 오히려 거짓 영이 미혹하여 사람을 속이게 됩니다. 그래서 사람들은 "성경은 코에 걸면 코걸이, 귀에 걸면 귀걸이"라며, 말씀을 자기 입맛에 맞게 해석하는 오류에 빠집니다.

그러나 성경은 인간의 주관으로 해석되는 책이 아니라, 성령의 조명 아래에서 바르게 분별되어야 할 하나님의 말씀입니다. 말씀을 정확하게 해석할 때, 비로소 성령께서 믿음을 심어주시고, 그 믿음은 반드시 행함으로 나타납니다.

"행함이 없는 믿음은 그 자체가 죽은 것이라"(약 2:17).

하나님께서는 성경을 통해 심판의 날이 반드시 있음을 분명히 말씀하셨습니다. 구약의 역사는 이 사실을 반복적으로 보여줍니다. 하나님께서는 이스라엘 백성을 택하셨지만, 그들이 말씀을 거역하고 우상을 따를 때마다 공의로운 심판을 내리셨습니다. 그러나 동시에, 그들이 진심으로 회개할 때에는 자비로 그들을 다시 회복시키셨습니다.

이처럼 이스라엘의 역사는 단순한 민족의 이야기가 아니라, 하나님께서 지금도 살아 계시며 공의로 심판하시고 자비로 구원하시는 분임을 증거합니다. 하나님은 죄를 결코 눈감아 주지 않으시며, 그분의 백성이 죄 가운데 있을 때 반드시 깨닫게 하시고 돌이키게 하십니다.

에스겔 24장 13절에서 하나님은 이렇게 말씀하십니다.

"내가 너를 깨끗하게 하나 네가 깨끗하여지지 아니하니, 내가 네게 향한 분노를 풀기 전에는 네 더러움이 다시 깨끗하여지지 아니하리라."

이 말씀은 죄가 그냥 사라지지 않는다는 뜻입니다. 사람이 자신의 힘으

그리스도의 심판대와 성화

로 죄를 덮거나 잊는다고 해서 깨끗해지는 것이 아닙니다. 하나님은 죄를 그대로 두지 않으시며, 징계와 연단을 통해 깨끗하게 하십니다. 즉 고난과 시련은 하나님이 미워서 주시는 것이 아니라, 우리가 스스로 깨닫지 못한 죄를 보게 하고 참된 회개로 나아가게 하기 위한 사랑의 손길입니다.

예레미야 17장 1절에서도 "유다의 죄는 금강석 끝 철필로 기록되었다"라고 말씀합니다. 이 표현은 죄가 사람의 마음에 깊이 새겨져 있어서 쉽게 지워지지 않는다는 의미입니다. 겉으로는 잘 사는 것처럼 보여도, 마음에 새겨진 죄는 하나님 앞에서 반드시 드러나게 됩니다. 그래서 회개는 입술로만 "잘못했습니다"라고 말하는 것이 아니라, 죄의 본질을 깨닫고 하나님께로 완전히 돌아서는 것입니다.

하나님의 심판은 단지 두려운 경고가 아니라, 우리를 다시 거룩하게 세우시려는 하나님의 은혜의 과정입니다. 징계는 아프지만, 그것은 우리를 망하게 하려는 것이 아니라 하나님의 품으로 다시 돌아오게 하는 길입니다. 하나님은 공의로 심판하시지만, 동시에 자비로 용서하십니다. 이 두 성품이 함께 역사할 때, 우리는 죄에서 벗어나 새롭게 변화된 삶을 살 수 있습니다.

결국 이스라엘의 역사는 오늘 우리에게 이렇게 말합니다. "죄는 결코 그냥 사라지지 않는다. 그러나 회개하는 자에게는 반드시 회복이 있다." 하나님은 심판을 통해 깨닫게 하시고, 자비로 다시 일으켜 세우십니다. 그래서 진정한 회개는 파멸의 끝이 아니라, 새로운 생명의 시작입니다.

신약에서도 예수님께서 "사람이 무슨 무익한 말을 하든지 심판 날에 이에 대하여 심문을 받으리니"(마12:36)라고 분명히 말씀하셨습니다.

바울 역시 "우리가 다 하나님의 심판대 앞에 서리라"(롬14:10), "우리 각 사람이 그리스도의 심판대 앞에 나타나게 되어, 선악 간에 그 몸으로 행한 것을 따라 받으리라"(고후 5:10)고 중언했습니다.

이 말씀들은 모두 심판대가 신앙의 실제적 종착점임을 보여줍니다. 믿음은 단지 입술의 고백이 아니라, 하나님의 심판대 앞에서 드러날 삶의 열매로 검증됩니다. 그러므로 우리는 심판을 두려움의 대상으로만 볼 것이 아니라, 하나님의 공의와 사랑이 완전히 드러나는 자리로 바라보아야 합니다. 심판은 하나님께서 악을 정리하고 의를 세우시는 거룩한 정의의 완성입니다.

성경이 가르치는 이 진리를 바로 알고 붙들 때, 우리는 성령 안에서 진짜 믿음을 갖게 되고, 그 믿음은 삶의 변화를 낳습니다. 심판대를 기억하는 신앙은 언제나 깨어 있는 신앙이며, 그 믿음이 바로 하나님이 기뻐하시는 믿음입니다.

그리스도의 심판대를 부정하는 것은 교리적인 문제가 아니라 삶 전체의 방향을 잃는 일입니다. 심판을 잊으면 은혜는 가벼워지고, 거룩은 자라지 못하며, 믿음의 열매는 사라집니다. 반대로 심판대를 인정하면, 그날을 바라보며 오늘을 거룩하게 살아가는 깨어 있는 신앙이 세워집니다.

"그러므로 너희 마음의 허리를 동이고 근신하여 예수 그리스도께서 나타나실 때에 너희에게 가져다 주실 은혜를 온전히 바랄지어다"(벧전 1:13).

(3) 권면

성경은 하나님의 부르심을 받아 교회 안으로 들어왔지만, 결국 하나님과의 관계를 끊고 불법을 따르는 자들을 여러 상징으로 묘사합니다. 그들은 가라지처럼 외형상 신앙인 같지만 생명 없는 자들이며, 배교자로서 진리를 거부하고 자신이 만든 믿음에 빠진 자들입니다. 또한 음녀처럼 거짓된 가르침과 세속적 탐욕, 우상숭배에 빠져 하나님을 떠난 자들이며, 불법을 행하는 자로서 자기 뜻을 따르고 하나님의 주권을 거부하는 자들입니다. 성경은 이들을 적그리스도, 쭉정이 즉 열매 없이 껍데기만 남은 자로 표현합니다. 이들은 겉으로는 신앙인처럼 보이지만, 그들의 열매로 참된 믿음이 아님이 드러납니다.

"그들의 열매로 그들을 알리라"(마 7:16).

결국 그들은 회개의 기회를 끝내 거부함으로 하나님의 심판을 피하지 못하고, 심판대 앞에 설 자격조차 없이 곧장 멸망의 길로 나아가게 됩니다. 하나님께서는 이 땅에서 오래 참으시며 자비를 베푸시지만, 끝내 돌이키지 않는 자에게는 공의로운 심판이 임합니다. 그들의 삶에서 드러난 악한 열매가 스스로를 정죄하게 되고, 그 결과는 영원한 분리와 멸망으로 이어집니다.

그러나 회개하는 자에게는 여전히 소망이 있습니다. 하나님은 마음을 찢고 돌아오는 자를 용서하시며 새 생명의 길로 인도하십니다. 성화의 과정 속에서 광야 같은 연단과 회개를 통해 신앙의 열매를 맺게 합니다. 하나님께서는 광야 연단 과정을 통해 알곡으로 익게 하시고, 결국 천국의 창고에 들이시어 영원한 안식에 참여하게 하십니다. 그러므로 우리는 베드로의 권면처럼 "너희 부르심과 택하심을 더욱 굳게 하라"(벧후 1:10)는 이 말씀을 붙들어야 합니다.

"…그와 함께 있는 자들 곧 부르심을 받고 택하심을 받은 신실한 자들도 이기리로다"(계 17:14).

우리가 심판대와 생명책을 기억하며 믿음과 순종, 성화의 길을 걸어갈 때, 그 이름을 생명책에 영원히 보존하실 것입니다. 그러므로 지금 우리가 할 일은 분명합니다. 겉모습의 신앙을 버리고, 말씀을 가까이해야 합니다. 성경을 소리 내어 읽는 것은 영혼의 양식을 먹는 것이며, 그 말씀을 통해 믿음과 영의 힘이 자라납니다.

그 다음 말씀을 붙잡고 기도하며 삶에 적용하도록 성령의 은혜를 구해야 합니다. 무엇보다 먼저 회개의 은혜를 받아야 합니다. 회개할 때 비로소 죄와 악한 영에서 구별되어 거룩한 삶으로 나아갈 수 있습니다.

구원도, 성화도 모두 하나님의 은혜로 이루어지는 일입니다. 그러나 그 은혜는 말씀에 대한 믿음의 반응 속에서 주어집니다. 이것이 바로 참된 성도의 길이며, 심판을 준비하는 믿음의 자세입니다.

5부

하나님 나라를
기다리는 소망

우리의 삶을 이끌어 가는 가장 강력한 힘 가운데 하나는 하나님 나라를 기다리는 소망입니다. 성경은 이 땅의 삶을 넘어, 장차 완성될 하나님 나라를 바라보는 소망이 반드시 필요하다고 강조합니다.

예수님께서는 이 땅에 오셔서 "하나님 나라가 가까이 왔다"(막 1:15)고 선포하셨습니다. 이는 하나님 나라가 이미 예수 그리스도의 오심과 함께 시작되었음을 의미합니다. 그러나 동시에 성경은 하나님 나라가 아직 완전히 실현되지 않았음을 증언합니다. 따라서 우리의 삶은 이미 임한 나라와 아직 완성되지 않은 나라 사이를 살아가는 긴장 속에 있습니다.

1. 현재적 하나님 나라

예수님은 "하나님의 나라는 너희 안에 있느니라"(눅 17:21)고 말씀하셨습니다. 이 말씀은 하나님의 나라가 눈에 보이는 외적인 제도나 장소가 아니라, 성령께서 다스리시는 마음과 변화된 삶 속에서 이미 시작되고 있다는 뜻입니다.

우리가 성령 안에서 하나님의 말씀을 믿고 순종할 때, 그 순간 우리의 삶 가운데 하나님의 나라가 임합니다. 하나님을 왕으로, 주인으로 모시고 그분의 말씀에 믿음으로 반응하는 그 자리가 바로 하나님의 나라입니다. 반대로 말씀을 믿지 않고 불순종하는 곳에는 아직 하나님의 나라가 온전히 이루어지지 않았습니다. 이는 하나님의 나라에는 죄와 마귀의 권세가 설 자리가 없기 때문입니다.

하나님의 나라는 하나님이 다스리시는 영역 곧 하나님의 통치가 임한 상태를 말합니다. 하나님의 나라는 우리의 마음 안에서부터 시작됩니다. 예수님을 믿고 거듭난 순간, 성령님께서 우리 안에 오셔서 우리의 영과 함께 일하시며 하나님의 나라를 조금씩 세워 가십니다.

거듭난 사람의 삶 속에서는 성령님이 하나님의 뜻대로 살도록 인도하시는 일이 일어납니다. 우리가 예전에는 내 감정대로, 내 욕심대로 살았다면, 이제는 하나님의 마음을 따라 살아가도록 성령님이 우리의 마음을 새롭게 하십니다. 우리가 자기중심의 삶에서 벗어나 하나님 중심의 삶으로 옮겨갈 때, 하나님의 통치가 우리 안에서 확장되고, 그분의 나라가 점점 우리 삶 속에서 세워집니다.

그런데 하나님의 나라가 세워지는 성화의 여정은 단번에 이루어지지 않습니다. 하나님께서는 종종 우리의 삶 속에 광야와 같은 시간을 허락하십니다. 시험과 고난, 기다림의 시간 속에서 우리는 세상의 가치가 아닌 하나님의 뜻을 배우고 순종하게 됩니다. 그 과정을 통해 우리의 마음은 점점 정결해지고, 우리의 생각 속에 하나님의 질서와 의로움이 자리 잡게 됩니다. 이것이 바로 성화의 여정 즉 하나님 나라가 우리 안에 세워지는 과정입니다.

예수님은 말씀하셨습니다. "그의 나라와 그의 의를 먼저 구하라." 이 말씀은 단지 물질적인 복을 위한 조건문이 아닙니다. 먼저 구해야 할 것은 내 마음속에 하나님의 나라가 이루어지는 것입니다. 다른 어떤 것보다 하나님이 나를 다스려 주시길, 내 삶이 주님의 뜻에 순종하길 먼저 구해야 합니다. 우리가 그렇게 하나님 나라를 우선순위에 두면, 하나님께서는 우리에게 필요한 모든 것을 채워주십니다.

결국 하나님 나라가 우리 안에 완성된다는 것은, 우리의 마음이 예수님의 의와 말씀으로 가득 차서 그분의 성품을 닮은 사람이 되는 것입니다. 그럴 때 우리는 예수님을 닮은 하나님의 사람으로 세워집니다.

그리고 우리의 생각, 말, 행동, 관계, 선택 속에서 하늘의 질서와 사랑이 드러나게 됩니다. 그것이 바로 지금 이 땅에서도 누릴 수 있는 현재적 하나님 나라 곧 성령 안에서 누리는 천국의 삶입니다.

그러므로 오늘 우리가 해야 할 일은 분명합니다. 눈에 보이는 세상의 가치보다, 내 안에 하나님의 나라가 온전히 세워지기를 간절히 구해야 합니다. 성령님께서 다스리시는 그 마음이 가정과 교회 그리고 우리의 삶의 자리에서 드러날 때, 하나님의 나라는 이미 우리 안에 임하고 있습니다.

　　　　　　　　　　그리스도의 심판대와 성화

2. 미래적 하나님 나라

하나님의 나라는 이미 우리 안에 임했지만, 장차 역사 속에서 완전히 드러날 미래가 있습니다. 예수 그리스도께서 다시 오실 때, 성도들은 그분과 함께 천년왕국에 참여하게 됩니다(계 20:6). 천년왕국은 그리스도의 통치가 이 땅 위에서 실제로 이루어지는 시대이며, 하나님 나라의 권세가 완전히 드러나는 시기입니다.

그러나 천년왕국이 끝나면, 이 세상의 물질적 세계는 사라지고 "처음 하늘과 처음 땅이 없어집니다"(계 21:1). 이후에는 새 하늘과 새 땅 곧 천국에서 완전한 하나님 나라가 펼쳐집니다. 그곳에서 구원받은 하나님의 백성들은 영원히 하나님과 함께 거하며, "다시는 사망도 없고 애통하는 것이나 곡하는 것이나 아픈 것이 다시 있지 아니하리니"(계 21:4)라는 약속이 온전히 이루어집니다.

결국 하나님 나라는 이미 임했지만, 동시에 완성을 향해 나아가고 있는 나라입니다. 우리는 지금 성령의 통치를 받으며 하나님의 나라를 살아가고 있지만, 아직 완전한 통치는 이루어지지 않았습니다. 일부에서는 현재의 시대를 천년왕국으로 보기도 하지만, 성경적 관점에서 볼 때 이는 온전히 성취된 하나님 나라라고 할 수 없습니다.

그 이유는 분명합니다. 우리의 마음 안에서도 아직 성화가 완전히 이루어지지 않았고, 세상에는 여전히 죄와 마귀의 세력이 존재하기 때문입니다. 하나님이 온전히 다스리시는 나라는 죄와 악이 완전히 제거된 곳이어야 합니다. 마음속에 죄가 남아 있는 곳에서는 마귀가 역사하지만, 성령께서 임재하시고 다스리시는 곳에서는 하나님의 통치가 이루어집니다. 따라서 지금의 세상은 천년왕국 그 자체가 아니라, 하나님 나라를 준비하며 세워 가는 시기입니다.

우리는 이미 성령 안에서 하나님의 나라를 누리고 있으며, 그 나라가 우리의 마음 안에서 온전히 세워지기를 소망합니다. 동시에 예수 그리스도의 지상 재림으로 이 땅에 완성될 하나님 나라를 바라보며 기다립니다. 오늘 이 순간도 하나님 나라의 백성답게 거룩하게 살아가며, 장차 올 영원한 하나님 나라를 기쁨과 소망으로 맞이해야 합니다.

 그리스도의 심판대와 성화

3. 천년왕국과 새 하늘과 새 땅의 관계

1) 천년왕국

요한계시록은 천년왕국(계 20장)과 새 하늘과 새 땅(계 21장)을 연속적으로 보여 주지만, 두 사건은 서로 다른 차원의 현실을 나타냅니다. 이 구분을 바르게 이해하는 것은 하나님 나라의 완성에 대한 올바른 소망을 세우는 데 매우 중요합니다.

요한계시록 20장 4절에는 세 부류의 인물이 등장합니다. "보좌에 앉은 자들", "예수의 증거로 목 베임을 받은 자들" 그리고 "짐승과 그의 우상에게 경배하지 아니하고 표를 받지 아니한 자들"입니다.

이 말씀은 세 부류에 속한 사람들이 동일하게 왕노릇 한다는 의미로 오해될 수 있으나, 본문과 계시록 전체의 문맥을 살펴보면 각 부류의 위치와 역할이 분명히 구분됩니다.

① 보좌에 앉은 자들: 이긴 성도들의 왕권

여기서 "보좌에 앉은 자들"은 천국 하나님의 보좌를 의미하는 것이 아니라, 지상에서의 왕권을 상징하는 보좌입니다. 요한계시록 2장 26-27절과 3장 21절에서 주님께서는 "이기는 그에게 만국을 다스리는 권세를 주겠다"고 하셨고, "내 보좌에 함께 앉게 하겠다"고 약속하셨습니다. 따라서 이 보좌는 이긴 자들에게 주어질 통치의 자리 곧 주님과 함께 다스릴 권세를 의미합니다.

예수 그리스도께서 재림하실 때, 교회 시대 동안 믿음으로 승리한 성도들은 부활의 몸을 입고 주님을 맞이하게 됩니다(살전 4:16-17). 그들은 7년 대환난이 끝날 무렵 주님과 함께 지상으로 재림하여 죄악 세상을 심판하고(계 19:14-16), 그리스도의 의로운 통치가 시작되는 새로운 시대의 문을 엽니다. 이 시대가 바로 천년왕국 곧 그리스도의 지상 통치 시대입니다.

② 왕권의 질서와 참여자

▶ 이긴 자(왕권을 가진 통치자)

이긴 자는 단순히 육적인 이스라엘이나 특정 집단을 의미하지 않습니다. 성경에서 말하는 '이스라엘'은 예수 그리스도를 믿음으로 승리한 자들을 상징합니다(롬 2:28-29, 갈 3:7). 일부에서는 이를 육적 이스라엘로만 국한하거나 자신들만 이긴 자라고 주장하지만, 성경은 이긴 자를 믿음으로 승리한 영적 하나님의 백성으로 구분합니다(롬 9:6-8).

이긴 자에게는 분명한 표식이 있습니다. 그들의 이마에는 어린양과 아버지의 이름이 기록되어 있습니다(계 3:12, 14:1). 이는 그들이 하나님께 속한 자이며, 특별한 권세를 부여받은 이들임을 나타냅니다. 구약에서 제사장이 "여호와께 성결"(출 28:36-38)이라는 패를 이마에 두었던 것처럼, 이마에 인침을 받은 자는 하나님께 구별된 왕 같은 제사장입니다(벧전 2:9, 계 1:6, 5:10).

요한계시록은 이긴 자의 수를 144,000명으로 기록합니다(계 7:4-8, 14:1-5). 어린양이 어디로 인도하든지 따르는 자요, 입에 거짓이 없고 흠이 없는 자들입니다(계 14:4-5). 이 숫자에 대해서는 실제 인원으로 이해하는 해석과, 12×12×1,000의 상징적 의미로 모든 하나님 백성을 나타낸다는 해석이 함께 존재합니다. 그러나 계시록 7장에서 144,000명 이후에 이어지는 "셀 수 없는 큰 무리"(계 7:9)가 별도로 언급되는 것을 볼 때, 성경은 인침 받은 이긴 자와 구원받은 성도 전체를 동일하게 보지 않음을 알 수 있습니다.

큰 무리는 큰 환난에서 나오는 자들이며(계 7:14), 어린양의 피로 그 옷을 희게 한 성도들입니다. 이 그룹에 대해서는 교회 시대 전체 성도와 환난을 통과하여 정결케 된 성도라는 두 부류로 해석하는 견해가 있습니다. 그러나 중요한 것은 이들이 모두 어린양의 피로 구원받은 하나님의 백성이라는 사실입니다(엡 2:8-9).

144,000명의 명단을 보면, 구약의 열두 지파 중 단 지파가 제외되고 요셉의 아들 므낫세가 포함됩니다(계 7:5-8). 이에 대해 창세기 49장 17절에서 단 지파가 뱀으로 묘사된 것을 통해, 끝까지 믿음을 지키지 못하고 미혹에 빠지는 부류를 상징적으로 보여준다는 해석이 있습니다. 하나님은 자신의 백성 가운데서도 배도한 자를 버리시고 충성된 자를 세우시는 분이십니다(겔 18:24, 히 3:12-14 참조).

계시록 14장에서 144,000명의 이긴 자들은 보좌 앞에서 새 노래를 부릅니다. 그들은 하나님께 속한 정결한 자로, 예수님을 따라 승리한 자들입니다. 이들은 주께서 다시 오실 때 부활의 몸을 입고(살전 4:16-17), 천년왕국에서 그리스도와 함께 왕 노릇하게 됩니다(계 20:4,6; 딤후 2:12). 하나님은 이들에게 권세와 책임을 맡기시되, 이는 하나님 나라의 통치를 이 땅 위에 드러내는 영광스러운 사명입니다(계 2:26-27).

이처럼 성경이 말하는 이긴 자의 정체와 질서를 바르게 이해할 때, 왜곡된 종말론과 이단적 가르침을 분별할 수 있으며, 종말 신앙이 두려움이 아니라 소망이 됩니다. 결국 성경이 말하는 이긴 자는 끝까지 믿음을 지켜 하나님께 속한 자임을 드러내며, 교회의 영적 정체성과 직결된 중요한 진리입니다. 그러므로 우리는 초대 교회의 성도들처럼 어떤 환난 속에서도 굳건히 믿음을 지키는 참된 승리자가 되어야 합니다(계 2:10).

▶ 순교자(첫째 부활에 참여하는 성도)

예수의 증거와 하나님의 말씀 때문에 목 베임을 당한 자들입니다(계 6:9-11, 14:14-16). 그들은 죽음 이후 부활의 몸을 입고 천년왕국에서 주님을 섬깁니다. 순교자들은 통치의 중심적 권세를 가지지는 않지만, 주님의 통치 아래에서 충성스럽게 섬기는 중요한 역할을 맡습니다. 그들은 신령한 몸으로 주님과 함께 하며, 천년왕국의 영광과 질서 속에서 그들의 신앙의 승리가 드러납니다.

또한 순교자들 가운데에는 왕권을 받은 이긴자들도 있습니다. 예수님의 제자들, 바울과 같은 분들이 그 예입니다. 이분들은 믿음을 끝까지 지키며 순교함으로써 이긴 자의 영광을 얻었고, 주님과 함께 왕권을 가지고 다스리는 영광에 참여합니다. 따라서 순교자들은 천년왕국에서 각각의 믿음과 충성의 분량에 따라 주님께로부터 상과 영광을 받게 됩니다.

▶ 천년왕국 백성과 마지막 시험의 영적 의미

대 환난을 끝까지 믿음으로 견딘 성도들은 불과 같은 연단을 통해 죄와 정욕의 뿌리가 완전히 제거된 사람들입니다. 그들은 흰옷을 입고 주님께서 다시 오실 때 살아서 천년왕국에 들어가는 자들입니다. 이들은 육체를 가진 채로 주님의 통치 아래에서 살며, 평화와 번영을 누리고 하나님의 나라가 실제로 땅 위에서 이루어지는 모습을 경험합니다.

   그리스도의 심판대와 성화

그러나 천년왕국 동안에도 새로운 세대가 태어납니다. 그들은 사탄이 결박된 시대에 태어나기 때문에 죄와 마귀의 유혹을 직접 경험하지 못한 사람들입니다. 겉으로는 평화롭고 의로운 시대이지만, 그들의 마음속에도 여전히 자유의지가 존재합니다. 하나님께서는 모든 인간이 예외 없이 스스로의 믿음과 순종을 선택하도록 시험하십니다.

그래서 천년왕국이 끝날 무렵, 하나님께서는 사탄을 잠시 풀어 천 년 동안 평화 속에 자라난 사람들을 시험하게 하십니다(계 20:7-10). 이것이 바로 마지막 선악과의 시험입니다. 아담과 하와가 에덴동산에서 선악과 앞에 섰던 것처럼, 모든 인간은 반드시 선악과, 즉 '자신의 의지로 하나님께 순종할 것인가'의 시험을 통과해야 합니다. 이 시험의 본질은 단순한 행위의 문제가 아니라, 인간의 마음속 깊은 곳에 있는 육신의 정욕, 안목의 정욕, 이생의 자랑을 다스리고 이기는가에 달려 있습니다(요일 2:16).

하나님께서는 이 과정을 통해 진심으로 하나님을 사랑하고 순종하는 자와, 겉으로만 믿는 자를 분별하십니다. 결국 천년왕국의 끝은 인류 전체가 완전한 정결과 순종에 이르는 마지막 연단의 시기입니다. 이 마지막 시험이 끝나면 사탄은 완전히 멸망하고, 천국에서 새 하늘과 새 땅 즉 영원한 하나님의 나라가 완성됩니다.

③ 천년왕국의 본질과 성격

천년왕국은 상징이 아니라 실제로 이 땅 위에서 이루어지는 그리스도의 통치 시대입니다. 예수 그리스도께서 재림하신 후, 부활하여 영화로운 몸을 입은 성도들은 그리스도와 함께 이 땅에서 천 년 동안 왕 노릇하게 됩니다(계 20:4-6). 이 시기는 그리스도의 의와 평화가 역사 속에서 실제로 드러나는 시기이며, 사탄의 세력이 결박되고 공의로운 통치가 실현됩니다.

이사야서는 그 시대의 모습을 구체적으로 보여 줍니다.

"이리와 어린 양이 함께 살고, 표범이 어린 염소와 함께 누우며…"(사 11:6-9, 미 4:1-4) 이 말씀은 동물과 인간, 민족 사이의 근본적 평화 회복을 상징적으로 묘사합니다. 에덴 낙원이 회복되듯, 하나님 나라의 평화와 조화가 완전히 실현될 것을 보여줍니다.

또한 "보라, 내가 새 하늘과 새 땅을 창조하나니…"(사 65:17-25)라는 말씀은, 하나님이 새롭게 회복하실 땅에서 의와 평화가 충만함을 예언합니다. 이사야의 예언은 장차 그리스도의 재림 후 실제로 이 땅에서 이루어질 하나님의 통치를 구체적으로 보여줍니다.

구약의 예언과 신약 계시록은 모두 천년왕국의 실체와 성도의 통치를 일관되게 증거합니다. 하나님 나라의 완전한 실현은 상징이 아니라, 장차 역사 속에서 이루어질 실제적이고 미래적인 통치입니다.

그러나 이 시기는 영원 세계가 아니라, 여전히 시간과 공간의 제약 속에서 진행되는 역사적 시대입니다. 천 년이 차면 사탄이 잠시 풀려 마지막 반역을 일으키지만, 하나님께서 하늘에서 불을 내려 그들을 멸하신 후(계 20:7-9), 백보좌 심판이 이어집니다(계 20:11-15). 그때 "하늘과 땅이 피하여 간 데 없더라"(계 20:11)는 말씀처럼, 기존의 물질세계는 소멸되고 새 하늘과 새 땅인 하나님의 영원한 나라가 드러나게 됩니다(계 21:1).

▶ 천년왕국의 구조와 의미

천년왕국은 신령한 몸을 가진 통치자와 육체를 가진 백성이 함께 살아가는 시대입니다. 통치자는 주님의 권세 아래 나라를 다스립니다. 백성은 통치자의 보호 아래 평화롭고 안정된 삶을 누립니다(계 5:10).

이 구조는 천국과 지상 통치의 조화, 부활의 영광, 믿음의 승리를 보여줍니다. 주님과 함께 왕권을 가진 이긴 자들은 통치자로서 역할을 수행하고, 백성들은 그 통치 아래에서 안전하고 풍성한 삶을 살아가며 하나님 나라의 질서가 현실 속에서 실현됩니다.

④ 부활체의 성격과 지상 통치의 가능성

일부에서는 "부활한 몸으로 어떻게 지상에서 생활할 수 있느냐"고 의문을 제기합니다. 그러나 예수 그리스도의 부활체가 그 해답이 됩니다. 성경은 성도들이 예수님의 부활체를 본받게 될 것이라 말씀합니다.

"그가 나타내심이 되면 우리가 그와 같을 줄 아는 것은 그의 참모습 그대로 볼 것이기 때문이라"(요일 3:2).
"그는 우리의 낮은 몸을 자기의 영광의 몸의 형체와 같이 변하게 하시리라"(빌 3:21).

예수님의 부활체는 영적이면서도 물질세계와 상호작용이 가능한 신령한 몸이었습니다. 닫힌 문을 통과하셨고(요 20:19), 제자들에게 손과 옆구리를 보여주셨으며(눅 24:39), 구운 생선을 드시기도 하셨습니다(눅 24:42-43). 또한 부활 후 40일 동안 제자들과 함께 거하시며 하나님 나라의 일을 말씀하셨습니다(행 1:3). 즉 부활체는 시공간을 초월하면서도 현실 세계 안에서 활동할 수 있는 존재입니다.

이와 같은 부활체를 입은 이긴 성도들이 천년왕국에서 지상 통치자로 존재하는 것은 전혀 모순되지 않습니다. 그들은 예수님처럼 신령한 몸으로 지상에 나타나 다스리며, 백성들은 육체를 가진 채로 그 통치를 받습니다. 이것이 바로 요한계시록 20장 4-6절에서 말씀하신 "살아서 그리스도와 함께 천 년 동안 왕 노릇하리라"는 약속의 구체적 성취입니다.

⑤ 구약의 예언과의 일치

구약 성경은 천년왕국을 예언합니다. "옛적부터 항상 계신 이가 와서 지극히 높으신 이의 성도들을 위하여 원한을 풀어 주셨고, 때가 이르매 성도들이 나라를 얻었더라"(단 7:22)라고 했습니다. 여기서 '나라'는 천년왕국을 말합니다. 성도들이 주님과 함께 다스리는 나라입니다.

시편 149장 5-9절은 "성도들이 영광 중에 즐거워하며, 손에는 두 날 가진 칼이 있어 왕들을 사슬로 결박한다"고 말씀합니다. 이 구절은 단순히 전쟁이나 폭력을 뜻하는 것이 아니라, 하나님의 뜻에 따라 악한 세력들을 심판하는 성도들의 권세를 보여줍니다.

이사야 24장 21-23절에서도 "그날에 여호와께서 높은 데서 높은 군대를 벌하시고, 땅에서 땅의 왕들을 벌하시리니… 여호와께서 시온과 예루살렘에서 왕이 되시리라"고 예언합니다. 이 말씀은 천년왕국이 시작되기 전에, 하나님께서 하늘의 사탄 세력과 세상의 불의한 왕들을 먼저 심판하시는 장면을 보여줍니다. 그리고 그 심판이 끝난 후, 주님께서 예루살렘에서 참된 통치자로 왕이 되셔서, 성도들과 함께 다스리시는 시대, 즉 천년왕국의 시작을 알립니다.

그러나 이 말씀은 단지 미래의 사건으로만 끝나지 않습니다. 지금 이 시대를 사는 성도들에게도 영적 의미로 적용됩니다. 성도는 이미 그리스도의 말씀이라는 두 날 가진 칼을 손에 들고 있습니다(엡 6:17, 히 4:12). 이 말씀의 검은 내 안에 자리 잡은 죄와 정욕, 교만, 불순종의 영을 꿰뚫고 베어내는 능력을 가집니다. 그래서 "왕들을 사슬로 결박한다"는 표현은, 지금 우리 안에서 사탄의 권세와 죄의 지배를 묶고 무너뜨리는 영적 승리의 과정으로도 이해할 수 있습니다.

결국 하나님께서는 미래에는 세상의 악한 왕들과 영적 세력을 심판하시지만, 지금은 각 사람의 마음 안에서 그리스도의 통치가 세워지도록 일하십니다. 우리가 말씀으로 죄와 마귀를 이기고, 마음의 왕좌에 예수님을 모실 때, 그곳이 바로 작은 천년왕국, 곧 하나님의 통치가 이루어진 자리가 됩니다.

이처럼 현재의 영적 통치는 장차 올 실제 천년왕국의 모형이요, 예표라 할 수 있습니다. 지금 우리의 마음에서 시작된 주님의 다스림이 결국 온 세상으로 확장될 것입니다.

그런데 요한계시록 20장 4절에서 보면, 모든 성도가 전부 왕이 된다는 뜻은 아닙니다. 왕권은 주님과 함께 통치하는 이긴 자에게만 주어집니다. 그 아래에는 백성들이 질서 있게 존재합니다. 천년왕국은 모든 성도가 똑같이 다스리는 시대가 아니라, 왕권을 받은 이긴 성도와 통치를 받는 백성으로 나뉘어 있는 시대입니다.

천년왕국은 꿈같은 이야기가 아닙니다. 그리스도의 의와 평화가 실제 역사 속에서 나타나는 시대입니다. 하나님의 구속 계획이 완전히 드러나는 시대입니다. 부활의 몸을 입은 성도들이 주님과 함께 땅에서 다스리는 모습은, 예수님이 부활 후 40일 동안 지상에서 사역하신 사건을 통해 이미 보여주셨습니다.

천년왕국이 끝나면 모든 물질세계는 사라지고 새 하늘과 새 땅, 곧 영원한 하나님의 나라가 열립니다.

2) 새 하늘과 새 땅: 영원한 하나님 나라의 완성

천년왕국이 끝나면, 지금 우리가 살고 있는 물질세계는 사라지고, 오직 영원한 세계만 남게 됩니다. 요한계시록 20장 15절은 "백보좌 심판 이후에는 시간과 공간의 제약이 사라지고, 오직 두 나라만 남는다"고 말합니다. 여기서 두 나라는 영원한 생명의 나라와 멸망의 나라를 의미합니다. 즉 악이나 혼합된 세상은 더 이상 존재하지 않습니다.

요한계시록 21장 1절은 "또 내가 새 하늘과 새 땅을 보니, 처음 하늘과 처음 땅이 없어졌고."라고 증언합니다. 이는 천년왕국 이후, 지금 우리가 아는 물질세계가 사라지고, 하나님께서 완전히 다스리는 새로운 질서가 시작되는 것을 보여줍니다.

21장 2절에서 "거룩한 성 새 예루살렘이 하나님께로부터 하늘에서 내려온다"는 말씀은 단지 장소가 이동하는 것이 아니라, 이긴 자들이 예수님과 하나 되는 것을 상징합니다. 즉 하나님과 성도가 죄, 죽음, 분리 없이 영원히 함께하는 상태를 의미합니다.

이 연합은 먼 미래의 이상만이 아니라, 이 땅에서 우리의 영혼이 실제로 경험하고 성장하는 과정이기도 합니다. 지금 우리는 믿음의 길을 걷고 있으며, 제한적으로 하나님을 바라보지만, 믿음이 성숙해지면, 마치 광야 연단을 마치고 가나안 땅에 들어가듯, 얼굴과 얼굴을 맞대며 예수님과 하나 되는 체험을 하게 됩니다.

바울은 고린도전서 13장에서 "지금은 거울로 보는 것 같이 희미하게 보지만, 그때에는 얼굴과 얼굴을 대하여 볼 것"이라고 말합니다(고전 13:12). 또한 고린도후서 3장 17-18절은 "주님의 영이 있는 곳에는 자유가 있고 … 우리는 다 밝히 드러난 얼굴로 주님의 영광을 바라보며 주님과 같은 형상으로 변화되어 간다"고 증언합니다. 즉 성령 안에서 예수님의 성품과 인격으로 실제 변화되어, 이 땅에서 주님과 하나로 연합된 영혼이 천국의 수도 새 예루살렘성에 들어가게 되는 것입니다.

'새 하늘과 새 땅'은 그저 물리적 세상이 새로 만들어진 것이 아닙니다. 현재 진행 중인 하나님 나라가 완전히 완성된 상태 즉 영원한 천국이 실현된 모습입니다. 이곳에서는 하나님께서 모든 사람과 만물을 완전히 다스리시며, 슬픔과 아픔, 죽음과 악은 더 이상 존재하지 않습니다. 새 하늘과 새 땅은 준비 단계나 부분적 상태가 아니라, 영원히 완전하게 드러난 최종 현실인 것입니다.

3) 새 예루살렘성과 만국의 구분: 상급으로 이루어진 천국

요한계시록 21장은 새 하늘과 새 땅을 설명하면서, 천국의 수도인 새 예루살렘성과 그 외의 만국을 구분합니다. 이것은 하나님께서 구속사 안에서 세우신 질서와 통치 구조를 보여주는 것입니다. 실제로 지상에서의 예루살렘과 이스라엘 백성이 구속사 속에서 보여주는 순서와 질서가 새 예루살렘성과 만국의 구조 속에서도 반영되어 있습니다.

천년왕국에서 왕 노릇하며 성화 된 성도들은 큰 상급을 받으며, 하나님의 보좌가 있는 새 예루살렘성에 들어갑니다. 이는 하나님과의 친밀한 교제와 영적 특권을 누리는 상태를 의미합니다. 그 외의 구원받은 성도들은 각자의 상급에 따라 만국으로 들어가 영생과 기쁨을 누립니다. 이 구조 속에는 하나님의 완전한 공의와 사랑 그리고 구속사적 질서가 영원히 드러납니다.

천국에서도 상급에 따라 차이가 있습니다. 지상에서 사람마다 삶의 형편이 다른 것처럼, 천국에서도 누리는 축복과 기쁨에는 차이가 있습니다. 성령 안에서 믿음과 순종으로 살아간 정도, 신행과 성화의 열매에 따라 천국에서의 위치, 집, 누리는 사랑과 기쁨, 영광이 달라집니다. 예수님께서는 "충성된 자에게 더 많은 것을 맡기신다"(마 25:21)고 말씀하셨습니다. 즉 구원을 받았다고 해서 천국의 모든 것이 똑같은 것은 아닙니다.

이 상급의 차이는 단지 개인의 영광을 위한 것이 아닙니다. 하나님 나라의 공의와 사랑이 드러나는 방식입니다. 하나님께서는 우리가 지상에서 행한 믿음과 선행, 성화의 열매를 존중하시고, 그에 따라 천국에서 적절한 위치와 축복을 허락하십니다.

그러므로 우리는 천국에서 상을 받기 위해, 지금 이 땅에서 하늘에 보물을 쌓아야 합니다. 예수님께서 말씀하시기를, "하늘에 보물을 쌓아라. 거기에는 도둑도 못 들어오고, 좀도 못 해친다"(마 6:19-20)고 하셨습니다. 우리가 나를 위해서만 한 일들은 결국 마귀에게 빼앗겨 아무것도 남지 않습니다. 그러나 나를 내려놓고 성령 안에서 믿음으로 행한 모든 선한 행동은 하나님 앞에서 빛을 발하며, 때가 되면 반드시 보상과 칭찬을 받게 됩니다. 우리의 선행과 순종이 사람의 눈에는 작게 보일지라도, 하나님께서는 결코 놓치지 않으십니다. 그러므로 우리는 세상의 평가나 보상에 연연하지 않고, 오직 하나님을 기쁘시게 하는 마음으로 선을 행해야 합니다.

　　　　　그리스도의 심판대와 성화

　천년왕국은 하나님 나라가 역사 속에 나타나는 시간입니다. 새 하늘과 새 땅은 그 나라가 영원히 완전히 이루어지는 모습입니다. 우리는 이 진리를 믿으며, 성령 안에서 오늘을 믿음의 삶으로 살아야 합니다. 천국의 상급과 질서를 이해하면, 현재 삶에서 믿음, 순종, 선행으로 하나님께 충성할 힘을 얻습니다.

4. 하나님 나라를 기다리는 소망의 본질과 유익

우리의 소망은 단지 더 나은 세상이나 고통이 없는 미래를 바라는 것이 아닙니다. 진정한 소망의 중심은 예수 그리스도와의 관계입니다. 그분이 다시 오셔서 모든 것을 새롭게 하실 날을 기다리는 것입니다. 바울은 디도서 2장 13절에서 이를 "복스러운 소망"이라고 부르며, "우리의 크신 하나님 구주 예수 그리스도의 영광이 나타나심"이라고 말했습니다. 즉 기독교적 소망은 추상적인 이상이 아니라, 실제로 일어날 재림 사건에 뿌리를 둔 믿음입니다.

성경에서 말하는 소망은 막연히 바라는 마음이 아닙니다. 하나님이 주시는 소망은 미래가 어떻게 될지 알게 하고, 지금 이 순간을 올바르게 살게 하는 힘입니다. 소망은 그냥 기다리는 것이 아니라, 오늘의 삶에서 믿음을 지키고, 거룩하게 살며, 어려움 속에서도 참고 견디게 하는 능력입니다.

① 소망은 인내하게 하는 힘

바울은 "우리가 소망으로 구원을 얻었음이라"(롬 8:24-25)고 증언합니다. 우리는 아직 눈으로 보지 못한 미래를 기다리지만, 하나님께서 주신 소망 덕분에 고난 속에서도 믿음을 지킬 수 있습니다.

이 인내는 그냥 내 힘으로 되는 것이 아닙니다. 자기 마음대로 하고 싶은 생각과 욕심을 내려놓고, 주님께 순종할 때 생기는 열매입니다. 그리고 성령님이 우리를 도와주실 때, 그 인내는 더욱 강해집니다. 흥미로운 점은, 인내와 소망은 서로 힘을 주고받는다는 것입니다. 인내하면 소망이 더 깊

 　　　　　　　　　　　　　　　　　　그리스도의 심판대와 성화

어지고, 소망이 있으면 인내할 힘도 생깁니다.

성령님께서 우리의 연약함을 도우시고, 장차 올 하나님의 영광을 확신하게 해 주시기 때문에, 우리는 끝까지 하나님 나라를 바라보며 살아갈 수 있습니다.

② 소망은 거룩하게 사는 힘

하나님 나라를 소망하는 사람은 그저 "좋은 일이 생기길 바라는 마음"에 머물지 않습니다. 그 소망은 실제 삶 속에서 거룩하게 살도록 우리를 움직이는 힘이 됩니다.

"주를 향하여 이 소망을 가진 자마다 그의 깨끗하심과 같이 자기를 깨끗하게 하느니라"(요일 3:3).

여기서 말하는 거룩함은 내 마음대로 사는 것이 아닙니다. 오히려 성령님의 도우심 속에서 내 안의 죄성과 욕망을 내려놓고, 주님의 뜻을 따르는 삶을 의미합니다.

예를 들어, 화가 나거나 불안할 때 우리는 자연스럽게 내 마음대로 행동하고 싶은 순간이 옵니다. 하지만 소망이 있는 사람은 "이 순간에도 하나님께서 기뻐하시는 길은 무엇일까?"하고 생각하며, 성령님의 도움으로 충동을 제어하고 올바른 선택을 하게 됩니다.

소망은 마음을 정결하게 하고, 세상의 유혹에서 멀어지게 하는 힘이 됩니다. 거룩함은 단지 도덕적 노력이나 규칙 준수가 아닙니다. 우리가 스스로 힘으로 이루는 것이 아니라, 성령께서 마음속에서 지속적으로 역사하

서서 우리를 변화시키실 때 비로소 나타납니다. 성령의 역사로 마음이 하나님을 향해 바뀌면, 자연스럽게 생각과 언행, 삶의 태도도 거룩하게 됩니다. 거룩함은 하루아침에 완성되는 것이 아니라, 성령 안에서 매일 성장하며 하나님과 더 깊은 친밀함을 누리는 과정입니다.

결국 하나님 나라를 향한 소망은 우리를 게으름에서 깨우고, 자기중심적인 생각과 욕망을 내려놓게 하며, 성령의 도우심을 따라 거룩의 길을 걷게 만드는 현실적인 힘입니다. 소망이 있는 삶은 막연히 미래만 바라보는 삶이 아니라, 오늘 하루도 하나님께서 기뻐하시는 모습으로 살아가는 삶입니다.

③ 소망은 위로와 평안을 줌

성경은 소망이 우리에게 위로와 평안을 준다고 가르칩니다. 데살로니가전서 4장 16-18절은 예수님의 재림과 성도들과의 영원한 동행을 이야기하며, "이 말로 서로 위로하라"고 권면합니다. 또한 바울은 "현재의 고난은 장차 우리에게 나타날 영광과 비교할 수 없다"(롬 8:18)고 증언합니다.

이 말씀들이 주는 위로는 고난이 사라진다는 뜻이 아닙니다. 세상에서는 누구나 힘든 일을 겪고, 몸과 마음이 아플 수밖에 없습니다. 하지만 소망이 있는 사람은 그 고난 속에서도 하나님을 신뢰하며 평안을 누릴 수 있습니다.

예수님과 연합하면 우리의 영혼은 평안과 기쁨을 경험할 수 있습니다. 다만 몸으로 겪는 고난은 우리가 부활의 몸을 입기 전까지 완전히 내려놓을 수 없습니다. 즉 몸까지 완전한 자유와 행복을 누리는 날은 천국과 천년왕국에서 이루어집니다.

　　　　　　　　　　그리스도의 심판대와 성화

우리가 여러가지 고난을 당할 때 그리스도의 고난에 동참하는 마음과 자세로 고난을 바라본다면, 고난은 축복이 됩니다. 왜냐하면 우리가 겪는 고난은 예수님께서 겪으신 고난과 연결될 때 의미를 가지기 때문입니다. 우리의 고난은 하나님과 더욱 가까워지고, 믿음을 단단하게 하며, 성령 안에서 영혼이 성장하는 도구가 됩니다.

바울도 고난을 단순한 어려움으로 보지 않고, 하나님 나라의 영광을 미리 경험하게 하는 과정으로 이해했습니다. 즉 예수님과 함께 고난을 견디는 사람은 인내와 거룩, 소망과 평안을 얻고, 결국 장차 누릴 영광과 기쁨에 참여하게 되는 것입니다.

또한 소망은 자아를 내려놓을 때 더욱 힘을 발휘합니다. 내 뜻과 욕심을 내려놓고 주님께 맡기면, 성령님께서 장차 나타날 하나님의 영광을 마음에 확실히 보여주십니다. 더 나아가 소망은 개인만의 힘이 아닙니다. 믿음 안에서 서로를 격려하고 위로하게 만들며, 공동체를 세우는 힘이 됩니다. 즉 소망은 나 혼자 고난을 견디게 하는 힘일 뿐 아니라, 함께 믿는 사람들을 세우고 격려하게 하는 능력이기도 합니다.

④ 소망은 삶의 우선순위를 바로 세움

하나님 나라를 향한 소망은 우리의 가치관과 삶의 중심을 새롭게 바꾸어 줍니다. 예수님께서는 "너희는 먼저 그의 나라와 그의 의를 구하라"(마 6:33)고 말씀하셨습니다.

이 말씀은 인생의 목적을 '나의 성공'이나 '세상의 기준'에서 '하나님의 영광'으로 전환하라는 선언입니다. 소망이 있는 사람은 자신의 욕망과 세상의 가치관을 내려놓고, 성령 안에서 영원한 가치가 무엇인지 보게 됩니다.

실생활에서는 이를 이렇게 적용할 수 있습니다. 시간과 에너지를 쓸 때, 일시적인 즐거움보다 하나님 나라와 영원한 가치를 먼저 생각합니다. 물질과 재물을 사용할 때, 자기만족보다는 하나님과 이웃을 위한 선한 목적을 우선합니다. 인생의 목표를 설정할 때, 자기 성공보다 하나님의 뜻과 영광을 기준으로 삼습니다.

소망이 있는 삶은 방황에서 질서로, 자기중심에서 하나님 중심으로 이동하게 됩니다. 결국 우리는 하루하루의 선택 속에서 하나님 나라를 위해 헌신하며, 작은 일상 속에서도 영원한 가치를 세워가는 삶을 살게 됩니다.

⑤ 소망은 믿음의 경주를 가능하게 함

소망은 방향과 목표가 있는 경주입니다. 바울은 "상은 끝까지 달려간 자에게 주어진다"(고전 9:24-25)고 말하며, 히브리서 12장 1-2절에서는 "인내로써 경주를 하며 예수를 바라보라"고 권면합니다.

신앙의 경주는 고난과 어려움 속에서도 예수님을 목표로 달려가는 삶입니다. 삶의 무거운 짐과 죄를 벗고, 인내하며 한 걸음씩 앞으로 나아가고, 시선을 오직 주님께 두는 사람만이 흔들림 없이 믿음을 지킬 수 있습니다.

소망은 미래의 영광을 바라보며 오늘을 성실히 살아가게 하는 힘입니다. 오늘의 작은 선택과 순종이 쌓여, 장차 누릴 하나님 나라의 기쁨과 상급으로 연결됩니다. 결국 소망이 있는 삶은 현재와 미래가 연결되는 의미 있는 경주이며, 믿음 안에서 끝까지 달려갈 수 있도록 우리를 붙잡는 능력입니다.

⑥ 소망은 하나님 나라의 완성을 바라보게 함

주님께서 다시 오실 때, 이 세상은 새롭게 재창조될 것입니다. 그리스도의 완전한 통치가 끝나면 하나님께서는 천국에 "새 하늘과 새 땅" 곧 영원한 하나님 나라를 이루실 것입니다(계 21:1-4). 그곳에는 더 이상 눈물이나 사망, 애통이나 고통이 없습니다. 이 소망은 현실 도피가 아니라, 현재의 세상을 믿음으로 이기게 하는 능력입니다. 광야 같은 세상에서의 연단은 헛되지 않으며, 하나님 나라를 향한 준비 과정이 됩니다.

하나님의 심판대 앞에 서는 날은 두려움의 날이 아니라, 그분의 공의와 사랑이 함께 드러나는 은혜의 자리입니다. 그날 우리의 믿음과 인내, 눈물이 주님의 영광 가운데 드러나며, 그리스도 안에서 행한 모든 것이 영원한 가치로 남게 될 것입니다.

결국 하나님 나라를 기다리는 소망은 현재를 거룩하게 하고, 고난 속에서도 인내하며, 삶의 우선순위를 바로 세우는 영적 능력입니다. 이 소망이 우리 안에 있을 때, 우리는 흔들림 없이 믿음을 지키며 하나님 나라의 완전한 회복을 향해 나아갑니다.

이 하나님 나라는 이미 예수 그리스도 안에서 시작되어 지금도 우리 가운데 역사하고 있습니다. 성령의 통치를 받는 영혼 안에는 이미 하나님 나라가 임하였고, 동시에 미래에 완성될 나라를 소망합니다. 우리는 지금 성령 안에서 그 나라를 미리 누리며, 장차 주님께서 다시 오실 때 완전하게 이루어질 그 영광을 소망 가운데 바라봅니다.

따라서 하나님 나라의 소망은 하늘의 보상을 기다리는 수동적 기다림이 아닙니다. 오늘을 믿음으로 살아내는 적극적인 순종과 거룩의 삶입니다. 우리가 그 소망 안에서 날마다 자기를 부인하고 성령으로 행할 때, 하나님 나라의 통치는 지금 우리의 삶 속에서도 드러납니다. 그리고 마침내 주님 다시 오실 때 완전한 영광으로 나타날 것입니다.

"보라, 내가 속히 오리니 내가 줄 상이 내게 있어 각 사람에게 그의 일 한 대로 갚아 주리라"(계 22:12).

이 책을 마치며 우리는 한 가지 진리를 다시 마음에 새깁니다. 구원은 예수 그리스도께서 이미 완전하게 이루신 은혜입니다. 우리는 그 은혜를 믿음으로 받아들이고, 성령 안에서 회개와 순종으로 반응할 뿐입니다.

그러나 믿음의 여정은 결코 쉽지 않습니다. 고난과 시험이 찾아오고, 연단과 회개가 반복됩니다. 때로는 넘어지고, 좌절하며, 자신의 연약함을 깊이 깨닫기도 합니다. 그럼에도 하나님께서는 우리를 버리지 않으십니다. 그분은 사랑으로 우리를 연단하시고, 성령을 통해 우리의 마음과 행실을 새롭게 빚어 가십니다. 우리는 스스로 의롭게 될 수 없지만, 주님의 은혜로 점점 그리스도의 형상을 닮아가는 성화의 길을 걸어가게 됩니다.

죽음 이후에도 하나님의 공의와 사랑은 변함이 없습니다. 우리의 믿음과 성화의 상태에 따라, 각 사람에게 합당한 심판과 상급이 주어집니다. 그러나 그 모든 과정 속에서도 하나님은 변함없이 우리를 구원하시며, 사랑과 정의 가운데 영원한 안식을 허락하십니다.

사랑하는 여러분, 이 책을 통해 믿음의 여정이 형식적인 교리나 이론이 아님을 깨닫기를 바랍니다. 그것은 삶 속에서 살아 움직이는 진리입니다. 성령 안에서 회개와 순종 그리고 연단과 훈련을 통해 날마다 주님과 동행하십시오. 그리하여 결국 그리스도의 형상으로 온전히 익어, 천국의 알곡으로 들어가는 기쁨을 누리시기를 예수님의 이름으로 축복합니다.

하나님께서 허락하신 믿음의 여정 속에서 우리의 소망은 분명합니다. 그 소망은 오직 주님 안에서, 오직 주님의 은혜 안에서 완성됩니다. 주님만이 우리의 시작이시며, 과정이시며, 완성이십니다. 할렐루야!